ココロノマド

心の免疫力をつけるWebカウンセリング

yumiko kawanishi
川西由美子

朝日新聞社

はじめにお話ししておきたいこと。

ストレス社会を生き抜くためには護〝心〟術が必要

「いま、毎日が忙しくてとても疲れています。本当は会社を休みたいのですが、自分が休んだら周りに迷惑をかけるし、自分だけ休んだら周りにどう思われるかわかりません。それに、休んだら仕事はたまっていくばかりだし、とにかくやり続けるしかありません」

「人間関係ですごく悩んでます。つらいし、苦しいんだけど、誰にも相談できません。相談しても、ただのわがままだ、我慢が足りないだけだといわれそうな気がして怖いんです」

「僕の悩みは就職をどうしようかということです。でも、こういうカウンセリングを受けるのは、おかしくなった人なんですよね？　もっと重大な悩みでないと受け付けてもらえないのでしょうか。就職のような普通の問題は相談してもあまり効果はないのですか?」

これは、インターネットを利用した「オンライン・メンタルヘルスケア」を展開している私たちのサイトに実際に寄せられた悩みです。

Eメールを使ったWebカウンセリングで、3人の相談者に共通していたのは、悩みや苦しみを吐き出せずに、自分ひとりで抱え込んでしまっているということです。このように、現代人の心はギリギリのところで踏ん張っています。本当は誰かに甘えたい気持ちもあるはずなのに、「僕は大丈夫だ」「もっと強い人間にならなくてはいけない」と自分に呪文をかけ、ヨレヨレの状態でいるのが当たり前のような錯覚をもちながら毎日を生きています。さらに、

「自分の心の内を人に見せるのは、弱い自分を認めるようで情けない」

「カウンセリングを受けるのは、頭が変になった人」

そうした思い込みが多くの人々を苦しめます。それが頭にこびりついてしまっている人に、「自分の心の内を話せば、気持ちが楽になる」といったところで通じませんし、「カウンセリングを受けるなんて時間がもったいない」とさえいわれてしまいます。

しかし、「悩みは自分ひとりで解決しなくてはいけないもの」というのは、やはり間違った

思い込みといえます。

メンタルヘルスケアにおける心理カウンセリング（以下カウンセリング）は決して治療ではありません。ストレスに対する心の免疫力をアップさせ、やる気や元気のもとになるビタミン剤、あるいは、充実した社会生活を送るための心の潤滑油なのです。

とはいえ、これまではメンタルヘルスケアというものが、普通に日常生活を送る人には敷居が高かったのは事実です。

いきなり精神科へ行くのは勇気がいることですし、そもそも自分の心がどんな状態にあるのかがわからなければ、治療の必要があるのかどうかもわかりません。

そんな遠い存在だったメンタルヘルスケアを、使いやすく身近なものにしたのが、インターネットを使ったＷｅｂカウンセリングなのです。

興味があってそれを実行したいと思っても、その手段がわからないという人にとって、インターネットはまさに救世主です。

たとえば、自分はサッカーをしたいのだけれど、ボールを蹴り合うには仲間がいなければできないし、試合をするには対戦相手も必要になる。それをするのに、ひと昔前までなら多くの手間と時間がかかったはずです。所属チームや相手が見つからなければ、サッカーをあきらめていたかもしれないし、ボールを蹴りたいなあという気持ちまでいつしか失せていってしまうでしょう。

それがインターネットというツールのおかげで、いまでは信じられないほど簡単に仲間や対戦相手を見つけることができ、サッカーを楽しむことが可能になっています。そうやって自分のやりたいことを実現できれば、元気になれるきっかけもつくれるのです。

カウンセリングにも同じことが言えます。

インターネットを使えば、これまでどういうところにいるのかわからなかったカウンセラーとすぐに出合うことができます。悩みを抱えた相談者にとって、カウンセラーはまさにコミュニケーションがとれる仲間です。

また、自分の顔を見せる必要がなく、自分の部屋にいながらにして相談できることは、相談者のためらいを小さくします。切実な悩みを抱えた人はもちろんのこと、なんだか頭の中がモヤモヤするという人や、こんなちっぽけな相談でも聞いてもらえるのかと迷っている人も、オンライン・メンタルヘルスケアを展開するカウンセラーなら、誰もが真剣に向き合ってくれるはずです。

この本では、アメリカで生まれ、日本でもさかんになってきているオンライン・メンタルヘルスケアの仕組みや特徴について、私が運営にかかわっているＷｅｂサイト『ココロノマド』の実例を織りまぜながら説明しています。

ストレスのもとがいたるところに転がっている現代社会を生き抜くには、自分の心を守るための護〝心〟術が必要です。その中でも、もっとも身近で気軽に試すことができるのがオンライン・メンタルヘルスケアなのです。

一度、アクセスしてＷｅｂカウンセリングを体験してみてください。そして、ストレスや心身の異変について知り対処することは、自分と向き合い、自分自身を知る絶好のチャンスでもあるという事実を認識してほしいのです。あなた自身のため、そしてあなたを見守っている大切な人のためにも……。

カバーデザイン：岩郷重力 + Wonder Workz。
企画：アップルシード エージェンシー
構成：オフィス・プレーゴ
本文デザイン：A-Team,Inc.

ココロノマド●目次

❶「メンタルヘルスケアって何？」

2 「インターネットだからできること」

3 「すべての人に開かれたココロノマド」

❶
「メンタルヘルスケアって何？」

人それぞれにある〝ストレス公式〟

人間誰しも、悩みのひとつやふたつは抱えながら生きています。どんなに楽しそうに見える人でも、「100パーセント幸せ」なんていうことはあり得ません。

仕事、恋愛、介護、子育て……。現代人の抱える悩みは、年々多様になってきていますが、とりわけ人間関係にかかわるものが多くなっています。

2001年夏、私たちはインターネット上でカウンセリングに関する意識調査を行いました。その中で、「ストレスを感じる可能性があるとすれば、どういった内容か?」という問いに対しては、8つの選択肢から複数回答で選んでもらったのですが、回答者3818人のうち約半数に当たる1967人が、「仕事・仕事上の人間関係」と答えています。

たとえば、いざ仕事をしようとしても、集中するまでに時間がかかる、あるいはやる気はあっても身体がついてこないというのも、ストレスが与える影響です。

ストレスというのは、直面した事柄を、その人自身がどんなふうに感じたか、受けとめたかによって生じる心のゆがみです。

たとえば、たまたま耳に入ってきた音楽を「気持ちいい」と感じる人もいれば、「うるさいなあ」と不快に思う人もいます。

これと同じで、ストレスの原因は人それぞれであり、また同じ人でもそのときの環境や体調によってストレスになる場合とならない場合があるのです。

その仕組みをわかりやすく表したのが、次の「公式」です。

ストレス＝［ストレスの原因となるもの］×［受けとめ方］

この公式は、コミュニケーションのずれによるストレスも同じように表すことができます。

たとえば、「適切で端的な受け答え」を相手が「事務的で冷たい」と受けとめて「反感」を顕《あら》わにした場合、受け答えをした側には怯《おび》えが生じ、以降、受け答えに自信がなくなり、「また怒らせたらどうしよう」というストレスになります。逆に、「適切で端的な受け答え」を「無駄がなくスピーディ」と相手が受けとめれば、何の齟齬《そご》も来しません。

また、この公式とは別に、私はカウンセリングを行うにあたって、相談者の方に自分なりのストレス公式をつくってもらうことがあります。その公式をつくることによって、自分がストレスを感じるばくぜんとした不満や不安が明らかになり、それに名前をつけて整理すると安心感が生まれ、ストレスが軽減される人もいます。次ページに掲載したのは、ある介護施設の職員のみなさんに実際につくっていただいたストレス公式です。

一方、人間にとって、焦りや葛藤といった最小限のストレスは精神を高揚させ、行動力を促進させる効果があるともいわれます。ストレスがまったくなければ、人間は無気力になって、生きていくことが難しくなってしまうのです。

その意味では、ストレスとはうまく付き合っていくことが大事なのですが、多くの人は「これくらいのストレスは、感じて当たり前」とストレスを軽視しすぎる傾向があります。じつは、その思い込みがとても危険なのです。

近年クローズアップされている「環境ホルモン」は、知らず知らずのうちに人体に悪影響を与えて免疫力を低下させ、それがもとでさまざまなアレルギー反応を引き起こして人間を苦しめます。

ストレス公式の例

☆仕事量(ノルマ)×部下との関係(業務を指示する際)

☆仕事の項目数×速度×精度

☆仕事のノルマ×予定外の仕事×欠勤者÷12時間

☆欠勤者の数×取られる時間×気分転換のための出費

☆利用者・家族のトラブル×職員間のトラブル

☆仕事が順調に進まない×部下の問題行動

☆上司からの要求(自分の課題)×部下のミス(しりぬぐい)

☆自分の能力×部下の数(管轄する部署の数)×部下と接した時間

☆育児×家事×睡眠時間の少なさ×役職と自分の能力のギャップ

☆仕事の質・量×部下の不調

☆家族からのクレーム×利用者の事故×家族への説明

☆仕事上の役割×家庭での役割

☆雑多なストレス×身体の不調

☆妻のストレス×子供のかんしゃく

☆利用者の低下×利用者の増加

☆時間外の仕事の電話×その内容・結果

☆ナースコールの数÷夜勤者の数

☆するべき仕事÷残り日数

それと同じで、ストレスも放っておくと、さまざまなトラブルを引き起こすのです。

トラブルの予兆

カウンセリングを利用している多くの人に共通している不調の表れ方を見てみましょう。

まず多くの場合、最初に表れるのは「精神的なサイン」。

これは、イライラしたり、怒りっぽくなったり、落ち込みやすくなったりと、精神的に不安定な状態がしばしば見られるようになります。

次に「身体のサイン」が表れます。

人間がストレスを感じると、ホルモン分泌が変化して筋肉が緊張し、頭痛や肩こり、目の疲れなどが起こります。自分の気分の不調には気が付かなくても、体調が悪くなると、「あれ、これってもしかしてストレスかも」と感じ始める人はいるでしょう。このサインがひどくなると、腹痛、下痢、便秘、不眠症などの症状が見られるようになります。

いまでは一般的になった「心身症」という病気にも、その発症や経過にストレスが強く関係しています。

たとえば、食欲不振（拒食症、過食症）、過呼吸、夜尿症、不妊症、偏頭痛、リウマチ、アトピー性皮膚炎など、身体のいたるところに症状として出てきます。これが臓器に悪い影響を及ぼすと、ついにはガンなどの深刻な病気に発展してしまうこともあるのです。

そして最後は「行動のサイン」。

仕事上でのケアレスミスが増えたり、事故を起こしそうになったり、会社に遅刻したりするようになります。本人が感じているのは体調不良だけであっても、周りから見れば、明らかに集中力が落ち、気分にムラが出るなど、「あの人は最近どうかしている」と思えるような反応が表れます。

こうした身体や気持ちの変化に気づいたとき、「まだ大丈夫」と自分にいい聞かせて何の対策も講じないでいると、「うつ病」などの心の病になるのは時間の問題です。やがて、会社に行こうとすると気分が悪くなったり、外に出るのが億劫《おっくう》になったり、気分の落ち込みがひどく、部屋に閉じこもったまま一歩も外に出られなくなったりと、日常生活に支障をきたすようになります。その結果、近年、中高年の死因の上位に挙げられている「自殺」という最悪の事態を招くことになります。

このように、知らないうちに毎日少しずつ私たちの身体を蝕《むしば》んでいくのがストレスの恐ろしいところなのです。

ここで示した「精神的」「身体」「行動」という3つのサインの表れ方は、人によって期間や程度の点で差が出ます。どこに出たから悪いとは一概にはいえませんが、この3つのサインがたがいに関連していることは確かです。

〝心の免疫力〟を高めるメンタルヘルスケア

「○○でストレス解消!」

この「○○」の部分に当てはまるものを、誰でもひとつやふたつはもっていることでしょう。たとえば「睡眠」。あるいは、スポーツや音楽、カラオケ、買い物、仲間と騒ぐ……。こうした行為によって気分をリフレッシュさせ、ストレスのもとになっている問題や困難な状況を解決できれば、それに越したことはありません。しかし、そう簡単にストレスはなくなってくれませんし、そもそもストレスを解消する気力も体力もなくなっている場合も多いのです。

ストレスによって〝心の免疫力〟が低下していると、何かトラブルが起きたとき、普段なら簡単に処理できることができなくなり、「できない」ということがまたストレスとなって心と身体を痛めつけます。しかも、立ち直るのに相当な時間がかかってしまいます。

心や身体に「なんだかいつもの自分と違う」という違和感がある、でも、自分ではどうしたらいいのかわからない。そんなときには、やはり専門家による助けが必要になります。

心を専門に扱う医療機関は、その症状や治療法によっていくつかに分けられます。「メンタルクリニック」は、おもにカウンセリングと薬物療法によって心の病気全般を診察します。入院用のベッドがないのもクリニックの特徴です。

それに対して、入院施設が整っている「精神科・神経科」は、神経症（ノイローゼ）やうつ病などへの専門的な治療を行います。このほか、身体と心の両面からストレスの治療を行う「心療内科」や、めまい、頭痛、手足のしびれなど、脳や神経系の症状を対象にした「神経内科」があります。

いきなり精神科の病院に行って診てもらうのには抵抗があるという人は、日頃通っているかかかりつけの病院から精神科を紹介してもらうのもひとつの方法です。自宅ではゆっくり休めないという理由から、休養を目的に病院に入院するというケースもあります。

ストレスに始まる心の病気では、いかに早い時期に対策をとるかが大切になります。しかし、ほとんどの人は、「ストレスは自分自身で解決しなければならないもの」という思いが強すぎるようです。また、ストレスを発散させるために必要な表現力がないことも、症状を悪化させる原因のひとつです。

つまり、「疲れた」「苦しい」「休みたい」という言葉は知っていても、いざその状態になったときに、周囲に気兼ねして使いたくても使えないような状況が重なると、ストレスはどんどんたまっていき、やがて許容量を超えてしまうのです。

そうならないために、利用してほしいのがメンタルヘルスケアなのです。

たとえていうなら、ストレスというのは「誰もが反応してしまう刺激」であり、心が風邪をひいた状態です。そして、メンタルヘルスケアはその状態を長引かせないための処方箋と予防接種のようなものなのです。

「毎日がつまらなくて気持ちにハリが出ない」

「朝、目が醒めても、ふとんから出るのが億劫だ」

「せっかくの休日なのに、何もする気がしない」

一見、たいしたことがないように思える小さな気持ちの変化も、じつは心の免疫力低下を表す〝黄信号〟であることが多いものです。そうした状態から免疫力をアップさせるには、メンタルヘルスケアは有効です。

またメンタルヘルスケアで、日頃から心の状態をしっかりチェックして、心の曇りやたまった疲れを取り去る方法を知っておけば、少々のトラブルなどは跳ね返し、自分の力で解決に導くパワーを蓄えることができるのです。

カウンセリングの効果

ストレスが許容範囲を超えて、心や身体のコントロールが効かなくなったときには、自分の中にあるストレスの質と自分の許容範囲をはっきり自覚すること、そしてそれらをできるだけ早く外に出して、心を軽くしてあげることが重要になります。

その作業を手助けするのが、メンタルヘルスケアのひとつである「カウンセリング」です。

自分ひとりでは堂々めぐりになりがちな心の問題だからこそ、それを解決するには、専門的な知識とテクニック、豊富な経験をもったカウンセラーのサポートが必要なのです。

ここでみなさんに知っておいてほしいことは、カウンセラーは特効薬やウルトラC的な解決策を与えてくれる存在ではないということです。問題点を見つけ、対処し、解決するのはあくまで相談者本人であって、カウンセラーはそのきっかけを与え、手助けをします。つまり、経営用語でいう「エンパワーメント」(力を与える、やる気を引き出す)を行う存在なのです。

カウンセリングでは、相談者とカウンセラーの信頼関係の質が、問題解決のためのカギになります。相談者は、カウンセラーを信用できると感じれば自分のことに関心を集中でき、自分自身を語りだそうとします。そうすることで、相談者は自然と自分の本音や答えを表に出すことができ、自分と客観的に向き合うきっかけを見出すことができます。カウンセラーはその過程で相談者本人が自らゴール(目標)を設定できるように、考えを整理するサポートをします。

カウンセリングは、「いまの自分には治療が必要だ」とはっきり自覚している人にはもちろんのこと、その一歩手前のグレーゾーン、「何だかいつもの自分と違うなあ」と漠然と感じている人にこそ、もっとも効果的だといわれています。

つまり、ストレスがたまりすぎて自分ではどれくらい追いつめられているのかわからなくなってしまっている人。ストレスがたまっていることは自覚できても「自分は大丈夫だ」と思い込んで心のケアをおろそかにしている人。そういう人が、「うつ病」や「心身症」といった深刻な状態に陥らないためには、カウンセリングを受けることがもっとも有効なのです。

カウンセリングはまた、いわば〝心のリハビリ〟の役目も果たし、社会復帰を手助けします。たとえば、うつ病で3カ月間入院していた人が、いざ会社に行こうとします。でも、駅で人込みを見ただけで会社に行くのをためらってしまう。あるいは、会社で仕事を始めても、さまざまな不安やプレッシャーから、とてもではないが8時間も働けそうもない。そんなとき、会社の制度として、就労時間中にもカウンセリングを受けられる体制が整っていれば、気持ちが楽になって仕事が続けられるかもしれません。また、カウンセラーによっては、その人の状態を見て、「今日は帰宅したほうがいいですよ」とアドバイスする場合もあります。徐々に社会に慣れるようなサポートも行えるのです。

交通事故で自分の子どもや愛する人を亡くした人が、何もかもがイヤになって自暴自棄になってしまったケースも同様です。病院の治療は、怪我をした本人が対象であって、家族の心のケアはほとんどなされていないのが実情です。本当は家族の方にこそ心のケアが必要なのに、それがないために悲しみから立ち直れない。落ち込みがひどく、食欲も湧かず、外出すらできなくなった状況下でさえ、「まさか自分が」と思って精神科に相談しようという気は起こりません。そんなとき、カウンセラーなら、その人が抱える悩みについて話し相手になりながら、専門的なアプローチによって心の傷を効果的に癒し、その人が生きていく活力を取り戻す手助けができるのです。

カウンセリングと日常会話の違い

「気持ちを言葉で表現するだけで心が浄化されるなら、相手は自分の妻や夫、恋人、あるいは友人でもいいのでは?」

ストレスを抱える人の中には、きっとそんな疑問をもつ人もいることでしょう。でも、残念ながら答えは「ノー」。プロであるカウンセラーを相手にした場合と、家族や友人といった〝アマチュア〟に話すのとでは、相談者の心の動きに決定的な違いがあるのです。

簡単にいうと、それは「アクティブ・リスニング」と呼ばれるカウンセリングテクニックと「日常会話」との差になります。

たとえば、あなたとの待ち合わせ場所にやってきた友人が「今日の電車、ものすごく混んでいたんだ」というのを聞いたとき、あなたはどんなことを考え、どう返事をするでしょうか。おそらく「混んでいてイヤだったんだろうな」と考えて、「朝夕は本当に混むよね」とか「大変だったね」といった反応をするに違いありません。それが典型的な日常会話です。

でも、カウンセラーはそうは応じません。「今日は電車で来たの。混んでいたんだネ」とフィードバックをかけます。すると、相手は「そうなんだよ。それでね……」と自分の考えや感情を表現しやすくなります。つまり、カウンセラーはあくまで相手の感情や考え方に焦点を当てて、相手が自分の気持ちを表現しようとするのを手助けするのです。

日常会話では、知らず知らずのうちに相手の言葉を自分なりに解釈し、その感想や興味によって相手を「誘導」したり、「意志決定」を促したりしてしまいます。それでは心の浄化作用は有効に働きません。

一方、カウンセリングでは、とにかく相手の感情や考えを、周囲を気にせず思い切り吐き出せる環境をつくりだせます。

このように、相談者の「感情・体調・考え方・行動」について聞き取りを行い、整理していくカウンセリング法は「認知行動療法」と呼ばれ、ふだん私たちカウンセラーが実践しているものです。

たとえば、仕事中に「今日は目の奥がズキズキする」と感じると、なんだか気持ちがイライラして、「早く家に帰りたい」と考えます。そんな状態で車を運転していて、目の前で急な車線変更をした車にカッとなり、無理な追い越しをしようとして大事故につながったケースもあります。体調が感情を左右し、冷静な判断や行動ができなくなったのです。

認知行動療法では、さまざまな形で表れるこうした症状を聞き取り、問題点を相談者のペースで一緒に整理していきます。そして、悪循環のパターンの根底にある、問題のもととなっている考え方を相談者本人に気づかせていきます。それができれば、相談者はどうすれば問題を解決できるかを検討する心のゆとりができ、カウンセラーはそのための有効な情報やテクニックを提供するなどのサポートができるのです。

「痛み」に対するアプローチ法

相談者がカウンセラーに訴える症状のひとつに、「痛み」というものがあります。じつは、その痛みにもさまざまな種類があり、それに対してカウンセラーはいろいろな方法で介入します。

ガンに冒されたある男性は、胸の痛みが全然引かないと苦しんでいました。そこで、カウンセリングをした結果、本当は胸が痛いのではなくて、息が苦しくて不安だということがわかりました。その不安とは、息が苦しくて死ぬかもしれないという「精神的な痛み」だったのです。そこで医師に頼んで、「あなたは息苦しくても、それが原因で亡くなることはありませんよ」と説明してもらったところ、すぐに気分が楽になって、痛みどころか息苦しさまでとれてしまいました。

さらに、乳ガンの女性の事例ですが、「吐き気が止まりません。痛み止めも全然効きません」と訴えます。

カウンセリングをしてみると、「夫が仕事に行ってくれない。ご飯も食べない」という悩みがあることがわかりました。ご主人が仕事に行かないと生活費がなくなるし、食事をしなければ健康面も不安です。また、自分のことを嫌いになってしまったのか、と心配していらっしゃいました。これは、自分とかかわっている人に対する心配から、自分の痛みがとれないという「社会的な痛み」でした。

この場合のカウンセリングでは、カウンセラー立ち会いのもとで、ご主人と一度じっくり話し合ってもらうようにしました。その結果、奥さんの悩みは単なる「思い込み」で、ご主人は奥さんがガンになり、どうしていいかわからずにオロオロしていた状態だったのです。数日後、ご主人の食欲が戻ると、奥さんの痛みはみごとに消えました。

このように、カウンセリングでは、相談者が話したいことにフォーカスすることが大切になります。痛みであれば、どういう性質の痛みなのかを突きとめ、関係者の連携の中からサポートをするという、全方位的なアプローチが求められるのです。

相談者本人が行動にうつせたときがカウンセリングのゴール

カウンセラーとコンサルタントは別の人

人は、心や身体が健康なときには、適切で客観的な判断ができます。その状態の人に対して、指示やアドバイスを与えることを「コンサルテーション」といいます。

ところが、心身に疲れや病気があると、人は何をしていいかわからなくなります。そんなときには、いざ一歩踏み出そうと思っても身体がついていかないし、意欲すら湧かなくなります。その状態から、意欲が出て、行動できるようにサポートをするのが「カウンセリング」です。

相談者自身が自分で復活していこうとするのを手伝う、あるいは復活したいという気にさせるのがカウンセリングであり、カウンセラーが相談者を誘導して引っぱり上げるものではないのです。

つまり、コンサルテーションとカウンセリングとはまったく違うものであり、カウンセリングでは事前にその違いを相談者にはっきり説明することが大切になります。

では、カウンセリングの「ゴール」とは、いったい相談者がどんな状態になったときなのか。これにはいくつかの考え方があります。

ひとつは、相談者とカウンセラーが一緒に相談をして、ゴールを決めるというケースです。問題は解決しなくても、気持ちが楽になったり、相談者本人が自分の言葉で、「すっきりしました。なんだか大丈夫そうです」と本人の満足度が高くなったりしたときには、それがゴールだと考えてよい場合があります。このゴールは、対面式であってもＷｅｂカウンセリングの場合も同じです。

次に紹介するのは、Ｗｅｂカウンセリングを終えた相談者の女性から私に届いたメールです。文中の「トランザクション」とは相談者とカウンセラーのあいだで交わされたメールのやりとりのことです。

カウンセリングが始まって、自分が「受容されている」という感覚をもちました。カウンセラーの方から発せられる言葉にも〝私は心を開いています。あなたもどうぞ〟という安心感がありました。トランザクションが進むにつれ、いいにくい内容を含めて自分自身のことを話すのが楽しく感じられ、自分が解決しなければならないテーマの全体像が見えてくるとともに、いくつかのアイディアが浮かんできました。

このトランザクションを通じて、まったく新しい気分で問題に取り組む準備ができたように思います。「自ら発した言葉に責任をもつ」というのとも違い、期待感、自信、高揚感、すがすがしさを自らに与えたという感覚がありました。

私の目標は「行動力をつけたいので、そのための準備をしっかりする」でした。少しずつアイディアが湧くようになり、自信もついてきました。見えていなかった問題が見えるようになり、カウンセリングをしていただいたときの気分と、成し遂げたあとの達成感を多く味わえるという考えも芽生えてきました。ありがとうございます。

この女性のように、相談者本人が自分の言葉で自分の気持ちを伝えられる、あるいは自分自身を見つめられるようになったとき、いわゆる「自立、自律」ができたときがカウンセリングのゴールといえます。

そして本当の意味でのゴールというのは、本人が動き出せたとき、行動にうつせたときです。相談者本人が、「カウンセリングは終わった」と判断すれば、カウンセラーは行動化までの心のプロセスを共にできないこともありますが、相談者から、本当に行動が変わったという連絡をもらったときのうれしさはひとしおです。

カウンセラーは、ゴールに近づいた相談者に対してカウンセリングの終了を伝えなければなりません。判断力と健康のレベルが、「マイナス」から正常に稼働できる状態にまで上がってきたとき、ずっとカウンセラーがついたままだと相談者は自立、自律ができないからです。したがって、ゼロまで来たなら「あなたには行動できる力と選択の自由があるんですよ」と伝えてあげる必要があります。そのとき、相談者が「私はまだ治っていません。不安です」とおっしゃるなら、こうアドバイスします。

「いままでのカウンセリングの流れを一緒に再検討してみましょう。自分にどんな栄養剤を与えることができたか思い出してみましょう。カウンセリング開始時といまとで、同じ問題に対する向き合い方、考え方はどう変化したか、じっくり話し合ってみましょう。答えはもうあなたの心の中にあるはずです。でも、不安になったらいつでも私はあなたの心の支援者になりますから、あせらずゆっくり自分の気持ちと対話してみてください」

カウンセリングは、本人が本人らしく生きるのを手伝うものであり、本人らしさが出たときには、私たちカウンセラーは不要な存在になります。そして、一度終了を伝えたのち、さらに新しい問題が発生し、情報や助けが欲しいといわれたなら、カウンセラーは再度、相談者と一緒にゴールを設定して、カウンセリングを始めるかどうかを決めます。

また、すでに自分で解決する力が本人に備わっているのなら、カウンセラーとしてではなく、情報提供者としての「コンサルタント」になります。そのときには「情報は提供するけれど、選択はあなたがしてください」と伝えることにしています。

仕事熱心も度が過ぎると心の病気に

心の病と無縁の人には、いったいどんな人がカウンセリングを受けているのか想像がつかないかもしれません。

垣渕洋一博士は、都内のクリニックで精神科医として患者さんの治療を行うかたわら、私の会社の顧問を引き受けてくださっている方で、私たちのWebサイト『ココロノマド』にも先生のコラムを掲載しています。垣渕先生によると、精神医療の現場では、「アディクションがベースにあるうつ」という言葉がしばしば使われるそうです。

アディクションというのは、医学的な病名ではなく、その人の生き方を指すものです。日本語でいえば「嗜癖《しへき》」。一言でいえば、何かにハマッてしまって、それが生活の中心になるために、他のことがおろそかになって、後でツケが回ってくるような生き方です。

たとえば、アルコール依存症もそのひとつ。今日は呑まないでおこうと思っても、自己制御が効かず「いいや、呑んでしまえ」となり、仕事や家事、子育てといった日常行動ができなくなってしまうのです。

ギャンブルや信仰など、ハマる対象はほかにもあります。

仕事というのも、それ自体は必要なことですが、日常に占める割合が大きくなりすぎるとりっぱなアディクションです。

たとえば、仕事が生き甲斐だった人がリストラにあうと、自分の人生にポッカリ穴があいたようになってドーンと落ち込む。あるいは、仕事にのめり込むあまり、休日になると落ち着かなくなって、用もないのに会社に行ってしまう。それは仕事に振り回されている証拠です。

アディクションは、ある程度までは、成功するために必要な資質といえるかもしれません。しかし、それも度を越すとどこかでツケを払うことになります。アルコール依存の人であれば、お酒を呑み続けた結果、肝機能障害になったり、酔って会社を欠勤してクビになり、家庭が崩壊するという結果を招いてしまいます。

自分がハマってやっていること(たとえば仕事)が周りから評価されて、「俺はできるんだ」と思えるような体験が積み重なっていけば、病気になることはありません。けれども、がんばって、ときには自分を犠牲にしてまで成し遂げたことが「報われなかった」という状態が続くと、やはり人間の心はもちません。どこかでダウンしてしまいます。

また、うつの人の場合、仕事を休み、薬を飲んで自宅で静養していれば改善されることもありますが、仕事依存の人は仕事を休むように勧められると、不安が強くなってますます働いてしまったりします。

アディクションの根っこには空虚感や空しさがあります。それを埋めるために、いろいろな活動にハマッてしまうのです。

最近では、IT技術の進歩により、ハマる対象が増える傾向にあります。テレビゲームもそうですし、もっとも新しいものではインターネット依存症もそうです。

常に誰かとメールをやりとりしていないと不安になったり、通常のリアルな人間関係の中では相談することができなくて、ネットで見知らぬ人に助けを求めたりします。それを健康的なものに置き換えたり、ひとつだけでなくいくつかのもので埋めたりするよう提案するのが医師やカウンセラーの仕事です。

たとえば、仕事をやりすぎて燃え尽きそうになっている人には、仕事が生活のすべてを埋めている状態が心と身体の負担になっているのだということに再度気づいていただき、そのうえで他のことをしてみたくなるように、気持ちの整理を進めるお手伝いをします。

ギャンブルやショッピングは、しばしばストレス解消のための「手段」になります。アディクションとは、手段だったものが「目的」になってしまった状態ともいえます。カウンセリングでは、相談者のアディクションの対象が何かを見極め、それをより健康的なものに置き換え、きちんとした生活ができるよう手助けをしていきます。

女性を悩ます「ペット」と「恋愛」

私がカウンセリングを担当した女性のうち、じつにその半数までが経験していたのが「ペットロス」です。

これは、まるで子どものように可愛がっていた自分のペットが目の前で車にはねられてしまったり、突然いなくなってしまったりして、精神的にすごく落ち込んでしまう症状です。精神科に行ったものの、「しっかりしなさい。ペットがいなくなったぐらいで」といわれてさらにショックを受けたというケースもありました。

ペットの死を乗り越えられないまま、人間関係や仕事上のストレスが積もるとうつ状態になり、最悪の場合、死にたいとまで思いつめることもあります。

本人にすれば、最愛のパートナーを失ったわけですから、死にたいと思うのも不思議なことではありません。ストレスがたまる社会生活の中では、ペットとのコミュニケーションが飼い主にとってかけがえのないものになっているのが現状だからです。

ペットロスのカウンセリングでは、まず、なぜペットにそこまで愛情を注いだのか、自分にとってペットはどんな存在だったのかなど、自分とペットとの距離をカウンセラーと一緒に感じとります。そうすることで、ペットと自分、自分と周囲の人々とのコミュニケーションについて落ち着いて考えられるようにし、時間の助けも借りて悲しみから立ち直れるようサポートしていきます。

ときには、同じ悲しみを経験した人同士で話し合いをさせるグループワークなども有効な手段といわれます。

また、女性に多く見られるのが外見に関する悩みです。これは「ボディイメージ」といって、太っている、あるいはやせていることにコンプレックスを感じていたり、外見が自分の思いどおりにならず苦しんだりするというものです。他人から見ればさほど太っていない人が、人目を気にするあまり、「ダイエットしなくちゃ」という強迫観念にとりつかれ、食べたものを無理に吐き出すなどの異常行動に走るケースもあります。

さらに多いのが恋愛、男女関係についての悩み。夫や恋人が浮気をしているのではないかという心配から、心を病んでしまうケースです。

そんな女性たちへのカウンセリングでは、言葉の中の「事柄」と相談者の「考え方」の関係を整理します。

たとえば、ご主人の浮気で悩んでいる女性にとって、浮気を連想させるような深夜の帰宅が「事柄」です。その事柄に対して、相談者がどう思っているかが「考え方」です。考え方は感情と結びつき、胸がドキドキするとか、気分がイライラして衝動的な行動に出たくなるといったストレスのアウトプットとなって表れます。

カウンセラーは、そうした事柄や考え方を順番に聞き分けていきます。頭の中を整理するお手伝いをすることで、相談者は気持ちを落ち着かせることができるのです。すると、ご主人は浮気などしていないのに、「仕事で連日帰宅が遅い、疲れて話をしなくなる」という「事柄」が積み重なることで、奥さんが「浮気だ」と過剰に受け止めているだけというケースも出てきます。カウンセリングによって、「事柄」を一つひとつ整理していけば、そうした考え方が正しいかどうかを相談者本人に気づかせることができます。

また、本当に相手が浮気をしているのがわかった場合、その女性のゴールがご主人との関係改善だとします。関係を改善するには、当然、事実確認をして話し合いをする必要があります。カウンセリングでは、その手順をシミュレーションすることを提案します。あるいは、ゴールを設定できずにただ苦しいというケースでは、浮気がわかったことで受けたダメージがどれほど大きかったかを聞き取ることで、次のゴールが見えてくることもあります。

ここで大切なのは、相談者本人が行動したいように手助けをすること。

具体的には、やりたいことの優先順位をつけてもらい、それぞれの重要度をパーセンテージで表し、その高低の理由を尋ねます。そこで、「本当に浮気しているのかどうか。しているとしたら、どうしてなのかを聞きたい」というのが本心である場合は、ご主人に質問できるまでサポートします。

ただ、相手に事実関係を問いただす際にも障壁は存在します。たとえば、「話を切り出したらケンカになってしまうんじゃないか」とか、「こんなことを気にしている自分を相手に見せたくない」、あるいは「もっと自分はプライドをもっていたい」など、いろいろな理由から相手に素直に聞けない場合があります。

カウンセリングでは、気持ちの障壁を取り除くお手伝いもします。

ここでも、どんな障壁があるのか、それを羅列してもらいます。その中で、「私にはプライドがある。だから、浮気に目くじら立てていると思われるのはイヤだ」という気持ちがいちばん大きな壁であることがわかったとしましょう。カウンセラーは、壁になっている気持ちと聞きたい気持ちが、自分の中でそれぞれどのくらいの位置を占めているかを確認していきます。そのような作業を繰り返すことで、相談者は壁を乗り越え、ご主人に質問できるようになります。

このように、一歩踏み出すためのエネルギーをサポートする、そのために、その人の抱えている本当の気持ちを知ろうとするのがカウンセリングという作業になります。その結果、やっぱり離婚するか、あるいは関係改善のために前向きに話し合うかは相談者次第です。

結婚前の若い女性からは、「彼から電話が来ないんです」というメール相談を多く受けます。そこで「電話が来なくなると、どんな気持ちになるの？」と質問すると、「彼は絶対に浮気してるんです。苦しい。死にたい……」という返事。

その時点では、「彼が連絡をとらない」という「事柄」しかありません。それに対して彼女は、「他に恋人ができたんじゃないか」と考えてしまうから、苦しくなる。でも、一歩引いてみれば、他の考え方ももてるはずです。

たんに仕事が忙しくて連絡ができなかっただけかもしれないし、真相はわかりません。そうした事柄の部分と、考え方（感情）の部分とをきちんと分けてあげることで、本人が冷静になれることもあります。

このように相談者とコミュニケーションをとって本音を引き出すと、考え方や感情、身体反応、行動といったものの中に、すべてを関連させて「考え方」を悪い方へと導く「ねじれ（スパイラル）」があることがわかります。それを相談者本人に感じていただき、自らを解きほぐせるようサポートするのがカウンセリングなのです。

事実関係をつかみ、相談者がそうした行動をとるにいたった心の動きを探る。あるいは、相談者が頭の中でバラバラにつくりあげたパターンを、事実を検証することで正常なパターンに組み立てていく。こうした手順を見ると、カウンセラーというのは弁護士に似ているといえるかもしれません。

忙しすぎるビジネスマンたち

一方、男性の悩みで多いのは仕事に関するものです。中でも、「目標があるけど前進できない」というのが最近とくに多く見られるケースで、これはたくさんの仕事を抱えているために、「あれもこれもやらなくてはいけない、どうしよう」とパニックになってしまっている状態です。

以前、会社員の男性から「思考回路が止まってしまいました。でもしなくてはいけないことが山ほどあります。すごく苦しいんです」という相談がメールでありました。

そこで私は、頭の中にどんな問題を抱えているのか、全部文章にして書き出してもらいました。

まず、仕事の面では、日常の業務のほかに大きな会議の資料を3つと契約書を5つつくらなくてはいけない。それが頭の中でグルグル回っていました。それに加え、自宅マンションの購入やご両親の病気といった家庭に関する事柄に頭を悩ませていました。この男性の場合、仕事と家庭両方の問題で頭の中が飽和状態だったために、パニックを起こしてしまったのです。

そこで、私は処理しなければならない仕事に優先順位をつけるお手伝いをしました。まず、早く提出しなければいけないものから順番に並べてもらい、それぞれを仕上げるのに何時間くらいかかるのかを聞きました。そうやって、それぞれの仕事の重みを聞いて、順番を本人が整理した結果、その男性は「じゃあ、これから手をつければいいんですね」と手がかりを見つけることができ、気持ちがとてもすっきりしたそうです。

残りの仕事についても、「これはこの日、これはこの日の午前中、これはこの日いっぱいでやる」というふうにスケジュールを立てることができました。こうして仕事でのストレスが和らいだことで、家庭の問題にも取り組む意欲が湧くようになったのです。

いまや会社では、誰もこうやって丁寧に手ほどきをしてくれる人などいないでしょう。いったん立ち止まって整理するだけで効率はアップするのに、それをやる時間さえ惜しいと思ってしまうのがいまのビジネスマンなのです。そして強迫観念に追いつめられ、どうしていいかわからずに自己啓発の本を読んでしまう。本に書いてあるとおりのことなど万人には実行不可能で、場合によってはより自信喪失に追い込まれます。時間がないと苦しんでいるのにもかかわらずです。

リストラなどで社員の数は減らしても、仕事の量は変わらないために、ひとり当たりの仕事量が増えて思考停止状態になる、ということも考えられるかもしれません。

しかし、不慣れな仕事について、「おまえ、こんなこともできないのか」と怒られるのが怖くて、上司に聞くことができない。納期は迫っているのに、とてもできそうもない。でも、できないと言ったら周りに迷惑をかけることになる。だから、自分がやり遂げなくてはいけないのだと思いつめてしまう。その結果、身動きがとれなくなってパニックを起こしてしまうのです。この悩みはとりわけ責任感の強い人に多く見られるようです。

このように、現代の男性の中には、頭の〝整理〟が必要な人が増えています。その意味では、時代がカウンセリングの必要性を求めているといえるでしょう。

第1章のポイント

・ストレスを感じるときには、人それぞれの公式があり、ストレスのサインは「精神」「身体」「行動」に表れる。

・メンタルヘルスケアは、ストレスへの抵抗力を高める処方箋、予防接種のようなもの。
・心の問題を解決するのは相談者本人であり、カウンセラーはそのきっかけを与え、手助けをする存在である。
・カウンセリングの真のゴールとは、相談者本人が考えを行動に移すことができたときである。
・好きなものでも、あまり熱中しすぎると心の病気になる。

❷「インターネットだからできること」

オンライン・メンタルヘルスケアのさまざまなメリット

ひとくちにカウンセリングといっても、その方法はバラエティに富んでいます。たとえば、カウンセラーと相談者が一対一で行う「個人カウンセリング」、複数の相談者と行う「集団カウンセリング」があります。また、カウンセリングの手法については、「精神分析療法」「論理療法」「認知行動療法」など、さまざまな流派があり、分派を含めるとじつに１００種類以上あるといわれます。

個人カウンセリングの対話方法は、おもにカウンセリングルームを使って行う対面式や、電話を使ったものが以前から行われてきました。そして近年、非常に盛んになってきたのがインターネットを使った「Ｗｅｂカウンセリング」です。

私が考えるオンライン・メンタルヘルスケアの定義はこうです。

「インターネットの技術を利用して、カウンセラーがクライアント（相談者）に対してカウンセリング心理学の見地からメンタルサポートを行うこと」

その手段としては、次の3つのものが挙げられます。

まず、オンライン・メンタルヘルスケアの手段としてもっとも一般的なのが「Eメール」を使ったWebカウンセリングです。

また、カウンセラーと相談者が掲示板にメッセージを交互に記入する「チャット」も手法のひとつです。さらにアメリカでは、高速大容量のブロードバンド回線を使い、カウンセラーと相談者がおたがいの顔を見ながらカウンセリングをする「ビデオカンファレンス」という方法も徐々に増えています。

オンライン・メンタルヘルスケアは、療法の点では、対面式や電話を使ったカウンセリングと何ら違いはありません。カウンセリングをする場が、インターネット（サイト）というバーチャルな部屋に代わるだけなのですが、カウンセラーにとっては、その部屋の特徴を知り、それを有効活用するには、オンライン・メンタルヘルスケアならではのテクニックが必要になります。

いうまでもなく、インターネットはとても便利な道具です。さまざまな情報を得られるほか、買い物や各種の予約、さらには音楽や映像を楽しむことができるなど、もはや私たち現代人にとってなくてはならないものになっています。Ｗｅｂカウンセリングのメリットも、インターネットの魅力と重なる部分が多いのです。

そのメリットを具体的に挙げてみましょう。

(1) 自宅がカウンセリングルームになる

対面式のカウンセリングを受けたいと思っても受けられない人は多いものです。その理由のひとつに、「カウンセリングルームに出向けない」ということが挙げられます。たとえば、高齢者や病気の人、身体にハンディキャップがある人、どうしても家を空けられない人がこれに当てはまります。

人込みを見るとダメという人もそうですし、近くにカウンセラーがいない地域に住んでいる人もこのケースです。その点、インターネットを使ったＷｅｂカウンセリングなら、自宅にいながらにしてカウンセリングを受けることができます。

また日本では、精神科や心療内科にかかること自体、まだまだ周囲から特別な目で見られることが多いのが現実ですが、Ｗｅｂカウンセリングなら人目を気にすることなく受けることができるのです。

(2) 自分の都合のいい時間に受けられる

カウンセリングを受けたくても、時間に余裕がないために受けられないという人もいるでしょう。仕事をもっている人はもちろん、育児や介護に忙しい主婦などもそうです。それがWebカウンセリングなら、時間的な制約は緩やかになります。自分の都合がいいときにメールを書いて相談ができるし、カウンセラーからの返事も好きなときに読むことができます。

(3) 費用が安くすむ

Webカウンセリングは対面式にくらべ、気軽にカウンセリングが受けられるという利点があります。それは、わざわざ出かけていく必要がないということもありますが、相談者にとって何よりありがたいのは費用が安くすむことです。

私たちが運営しているオンライン・メンタルヘルスケアのサイト『ココロノマド』のWebカウンセリングは、カウンセラーとのメール交換が3往復で、料金は6000円から。

対面式カウンセリングの相場が、1回1時間で1万5000円前後かかることを思えば、Webカウンセリングの手軽さがわかってもらえるでしょう。ちなみに電話によるカウンセリングは両者の中間ぐらいが相場です。

この料金の差は、カウンセリングを行う場所に関係があります。日本では、カウンセラーの資格をとっても、スペースを借りてカウンセリングルームを開き、顧客を相手にカウンセリングを行う「開業カウンセラー」として活躍している人はほんの数パーセントにすぎません。開業カウンセラーが少ないのは、何よりカウンセリングを行うためのスペースを確保するのにお金がかかるからです。

その点、Webカウンセリングはバーチャルな部屋で行われますから、カウンセラーの一人ひとりが自分のカウンセリングルームを持てるし、家賃も要りません。そのためカウンセリングの料金を低く抑えることができるのです。

(4) 契約も文字で確認しながらできる

私たちのサイトでは、相談者にはカウンセリングの前に必ず会員登録してもらう仕組みになっていますが、ここにもインターネットのメリットがあります。

登録の際には、カウンセリングに関するトラブルを防ぐためにいくつかの項目に賛同してもらいます。

その例として、「カウンセラーは相談者からのメールを受け取った後、72時間以内に返答する」という項目は、相談者がすぐに返事が来ないといって取り乱すのを防ぐことができます。

こうした約束事を、インターネットではすべて文章によって確認することができます。

対面式だと、疲れてやってきた人にいきなり事務的な説明をするのが難しいために、ほとんどの場合、ズルズルとカウンセリングに入ってしまうケースが多いものです。Ｗｅｂカウンセリングなら項目のひとつひとつをクリックして、相談者とカウンセラーがサイト上でおたがいに理解したうえで進めていくことができます。こうした契約的な作業が、カウンセリングをスムーズに進めるのに役立ち、トラブルを未然に防ぐのです。

ここまで挙げた点は、カウンセリングを受けるまでのメリットです。ここからは、インターネットがもつ技術的な利点について説明しましょう。

(5) 自分に合ったカウンセラーを選びやすい

Ｗｅｂカウンセリングにあって、対面式にはない大きなメリットのひとつが「カウンセラー選択の自由」。

対面式の多くは、そのカウンセラーがイヤだから代えてほしいと思っても、「今日は私が担当です」といわれれば、その人に相談するしかありません。それに、そのカウンセラーが自分に合わないと感じても、面と向かって「他の人に代えてください」というのはなかなか難しいことです。心が弱っている相談者であればなおさらでしょう。

一方、インターネットなら、初期の段階で相談者が「このカウンセラーとはうまくやっていけそうもない」と感じたら、別の人に代えてもらうことができます。何の気兼ねもいりません。

コミュニケーションでいちばん重要なのは、自分の心を開けるかどうかです。私は、相談者に「いろいろなカウンセラーとコンタクトをとって、その中からあなたにベストのカウンセラーを選んでください」といいたいのです。

どのカウンセラーが適しているかは十人十色、極論すれば、相談者が１００人いれば、それぞれに合うカウンセラーがいるはずだと考えてください。

カウンセラーは、自分が相談したい分野を専門としている人を選ぶのが理想的です。たとえば、自分が悩んでいるのは仕事の問題なのか、子育ての問題なのか。あるいはガンなどの病気を宣告されてショックを受けているのか。そういうことを最初の時点で伝え、その分野に強いカウンセラーを選んでいきます。その際、Ｗｅｂカウンセリングでは、カウンセラーのプロフィールやカウンセリングポリシーを参考にすることができます。

カウンセリングがスムーズに運ぶ前提として、相談者とカウンセラーのあいだに信頼関係が構築されていなければなりません。

相談者がカウンセラーに心を許すためには、相手の情報が必要不可欠です。Ｗｅｂカウンセリングでは、最初にカウンセラーのプロフィールが一目瞭然でわかるために、信頼関係を早く結ぶことができるのです。

また、いったんカウンセラーを決めたあとでも、うまくコミュニケーションがとれなければ違う人に代えてもらうこともできます。

同時に、カウンセラーにも相談者を選ぶ権利を認めてあげる必要があります。

それぞれのカウンセラーにも得手・不得手があるものです。カウンセラーが万能だとは限りません。

たとえば、子育て専門のカウンセラーは介護問題で悩む人には向きません。そんなときには、自分の代わりに介護問題専門のカウンセラーを勧めるべきです。

また、専門ではあるけれど不得意だと感じたり、病院での治療が必要だと判断したら、その時点で違うカウンセラーに代わるなり、医療機関を紹介するなりしたほうが相談者にとってプラスになります。

カウンセリングでは、「相談者にとって何がいちばんプラスになるか」が、すべての判断の基準です。したがって、相談者に適したカウンセラーがいるなら、そのカウンセラーを紹介するシステムがあってもいいはずです。

ちなみに、私たちのサイトでは、カウンセラー同士がたがいに交流しているので、相談者にもっとも適したカウンセラーを紹介することができます。

(6) 無理にカウンセラーと顔を合わせなくてよい

カウンセラーはまったくの他人です。だから知り合いには話せないこともいえるのです。

でも、中には人と会うのが苦手、あるいは怖いという相談者もいます。

以前、私が対面式のカウンセリングで担当した女性は、自分の顔にコンプレックスをもっていたために、人と会うと緊張してしまい、私の目を見て話すことができませんでした。

彼女のような人たちにとって、カウンセラーと顔を合わせなくてすむＷｅｂカウンセリングがあのときあったらな、と思います。

インターネットを利用すれば、本名ではなく、ハンドルネームでやりとりができます。ハンドルネームを使うことでカウンセリングのときには別の人間として振る舞えるため、自分を客観的に見ることができ、心を開きやすくなるという効果が期待できます。

また、カウンセラーに会わなければ、相手との年齢差、性別、社会的地位の違いなどを意識せずにすみます。そのため、現実の人間関係に疲れた相談者もカウンセラーには心を開いて相談ができるのです。

顔を合わせる必要がないことはまた、カウンセリングを経験したことのない人へのハードルを低くします。

自分は病気なのか、医者に診てもらったほうがいいのか、行くなら精神科医がいいのか、それとも町医者でいいのか。そういった疑問をもっていたとしても、これまではそれを誰に尋ねればよいのかわからないのが現実でした。そんなとき、インターネットのオンライン・メンタルヘルスケアにアクセスすれば、気軽に尋ねることができるはずです。

(7) 考える時間がたっぷりある

対面式のカウンセリングでは、カウンセラーからの質問にすぐに答えなくてはなりません。早く答えなくては、という焦りは本音をいう妨げになるだけでなく、さらにストレスを増加させてしまう恐れさえあります。

それに対し、Ｗｅｂカウンセリングでは、カウンセラーからの質問を読む時間も、その答えを考える時間もたっぷりあります。自分の苦しみや悩み、感じていることを、じっくり文章にしていけばよいのです。

また、Ｗｅｂカウンセリングではしばしば相談者に「宿題」を出します。対面式の場合、規定の時間を過ぎてしまえばそれで終わりですが、インターネットの場合は、宿題について考えることで、相談者自身のペースでカウンセリングを進行させることができます。

(8) 文章化することで頭の中を整理できる

当然のことですが、Ｗｅｂカウンセリングでは、相談者とカウンセラーのトランザクション(やりとり)はすべて文章で行われます。

相談者にとっては、文章化という作業は、頭の中を整理し、感情や考え方、行動の「ねじれ」を解きほぐすのに絶大な効果があるのです。

悩みを抱えている人が、その思いを文章にするのは簡単なことではありません。読み返しては書き直すという試行錯誤を繰り返すのが普通です。そのプロセスが、心を癒してくれることもあるのです。

また、文章化することにより、過去のトランザクションはすべて記録されます。Ｗｅｂカウンセラーはカンセリングの中で、しばしば相談者に「過去1、2回の履歴をもう一度読んでみてください」とお願いします。

相談者は、何日か前に自分が書いたものを読むことで思考の流れを整理することができます。そのプロセスを繰り返すことで、ストレスや悩みの原因に効率よくたどりつくことができ、さらには自分が本当にやりたかったことなどが見えてくるのです。対面式では10分前の言葉さえ思い出すのも難しいでしょう。これもインターネットならではのメリットです。

文章化という手法は、ストレスや悩みを解消するだけでなく、混乱した頭の整理にも役立ちます。企業の経営者の中には、ビジネスのアイディアが浮かばなかったり、判断力が鈍ったりしたときに、頭の中を整理するためにＷｅｂカウンセリングをうまく活用している人がいるほどです。

では、実際のＷｅｂカウンセリングは、どのように行われるのでしょうか。それを知るには、身体にできた腫《は》れ物の治療をイメージしてもらうとわかりやすいと思います。

腫れ物ができた場合、それがどんな性質のものなのか、いまどんな状態なのかを把握し、緊急対応が必要であれば他の病院に送ることも考えられます。次に、それが内臓疾患によるものなのか、それとも不衛生によるものなのかなど、その原因を検査し、対処します。

そして最後に、栄養を補給したり、生活習慣を見直したりするなどして抵抗力を高め、再発を防止するという方法をとります。

Ｗｅｂカウンセリングも、これとほぼ同様の手順で進めますが、注意してほしいのは、問題への対処についての考え方です。

カウンセリングでは、問題への対処はあくまで相談者自身による心の浄化作用を引き出すことが目的になります。カウンセラーは、その浄化作用が効果的に働くのを手伝うだけです。

Webカウンセリングの進め方

Webカウンセリングは、具体的には次の3つのステップを踏むことになります。

【第1ステップ】局所の状況を把握する

まず、相談者（クライアント）と最初にコンタクトしたとき、カウンセラーが最初に行うのは、その訴えに積極的な関心を寄せることです。そして、体調、思考パターン、感情、行動のそれぞれについて、痛みや乱れがあればその状況を把握します。

症状の例としては、頭痛（体調）やイライラ（感情）、過食（行動）などがこれにあたります。状況を把握し、その苦痛を分かち合うこと、それが、ストレスから相談者を解放する第一歩になります。

相談者本人に、自身が抱えているストレスを自覚してもらう作業も必要です。過度のストレスを抱えている人の多くはがんばり屋さんで、自分が病んでいるという自覚がないことが多いものです。しかし、心の不調というのは風邪と同じで、まずストレスによる身体と心の異変の度合いを自覚しないと、身体は不調を治そうとはしません。

これには、精神面からのアプローチのみならず、生理面の異変について観察し、自己コントロールを促す方法もあります。

相談者に身体や気分の悪いところを書き出してもらい、それについて話し合ったり、バイオフィードバックという、自律神経系に支配された生理反応に関するデータを本人に確認させ、反応の変化を促す手助けもできます。

現在では、心拍数、皮膚温、皮膚電気反射、血圧などの測定器は小型化・デジタル化が進み、自宅のコンピュータにつないでディスプレイにリアルタイムで変化するデータを表示することも可能ですし、カウンセラーと同じ画面を共有することもできるようになっています。リラックスしているときの状態、イライラが高じている状態をその目で確認できるため、相談者は自分の中のストレスをあらためて認識することができます。

【第2ステップ】ストレス発生要因の探索

相談者が自分の中にたまっているストレスの大きさを認識したら、次の段階として、ストレスがもとで変化が発生したメカニズムを探します。これが「問題発見」です。カウンセラーとのやりとりの中で、相談者は、どんな状況になると自分の心がどう変化し、「違和感」が生まれるのかを見つけていくのです。具体的には、「いつ、どんな状況で生まれたか」↓「その結果、気分や体調がどうなってしまうのか」↓「その背景には自分のどんな考え方があるのか」をチェックします。

相談者自身が自分の悩みを語るというのはとても大切な作業です。初めはどんなに漠然とした話であっても、たんなる愚痴のようなものでもかまいません。とにかく心の中にたまっている思いを言葉にして吐き出すことが重要です。なぜなら、カウンセラーに対してその思いを言葉にした時点で、相談者の中では早くも〝心の浄化作用〟が始まることがあるからです。

もちろん、カウンセラーはただ話を聞くだけではありません。注意深く相談者の言葉を拾いながら、その人が抱えている問題の核心に少しずつ迫っていくような質問を投げかけていきます。この「話す」「質問する」「答える」「さらに質問する」というプロセスを繰り返していくうちに、やがて相談者がストレスを感じるもとになっているものやパターンを探し当てることができるのです。

探し当てようとしている最中に、解決しなくてはならない問題をありのまま認めようとするとき、相談者は目をそむけたくなったり、心の葛藤を見せたりします。

このステップは「自己対決」と呼ばれ、カウンセリングの中でもとりわけ難しい作業です。ありのままの自分を受け入れるのに、中には数年もかかるケースもあるほどで、自分との対話に力尽きてしまう人も少なくありません。

逆に、ここを乗り越えられれば、あとは自分の力で進んでいって解決してしまうケースもあります。

【第3ステップ】心の免疫力づくり

ここまできたら、最後は、ストレスに対する抵抗力をつくること、すなわち心の免疫力を高めることを目指します。ストレス反応を引き起こすもとになる考え方というのは、冷静な頭で客観的に対処すれば整理できることが多いものです。それができないのは、相談者の心が許容量を超え、ストレスの渦から自力で脱出できなくなっているからです。

第1、第2ステップでは、本人が問題を把握し、自分の心の中で自分と対決し、自分の課題（目標）に対してどう取り組むかを検討しました。

第3ステップでは、それを実行するのに必要な考え方を、効率よく整理できるように手助けをします。そうすることで相談者の心の浄化作用が働き、自分の力で解決していく方法や進むべき道を見つけていきます。そして、どこの具合が悪いのか、これからどうしたいのかを自分の言葉で話せるようになれば、ほぼ大丈夫です。

このとき、相談者の心の中には、勇気、自信、希望、達成感といったものが自然と湧き出てきます。これは、自分自身の手で自分に栄養剤を与えたことにほかならず、免疫力が高まったことを意味します。

以上の3つのステップをカウンセラーと一緒に行うことで、相談者の心の免疫力は自然に高まり、自分の力でストレスを解消することができるようになります。

トランザクションの実例

ここで、私たちのサイトで実際に行ったWｅｂカウンセリングのトランザクションを紹介してみましょう。カウンセリングは、まず、「アセスメント」という事前調査から始まり、その後、3往復のトランザクションが基本になります。

相談者のYさんは、奥さんと子どもがいる31歳の男性会社員。病気ではないものの、ときどき自分自身をコントロールできなくなることに悩んでいます。

【アセスメント】相談者 → カウンセラー

こんばんは。

私は基本的にナーバスになりやすく悩みやすいところが多いのですが、最近気にかかることがあります。それは先日上司と激しいケンカをしたときのことです。頭ごなしに上から押さえつけるような上司の態度や言葉に腹を立てて口論になったのですが、最後には自分が逆上してしまい暴言を吐いてしまいました。幸い上司と自分はふだん仲が良いため許してはもらえたのですが……。

以前、妻にクレームをつけたときもそうでした。発言しているうちに自分の主張が相手に聞き入れてもらえないと、だんだん感情的になり、ついには本当に不本意な発言をしてしまったのです。

ふだんは相手のことを黙って見ていたり、相手に合わせたりしていますが、話しているうちに相手に聞き入れてもらえないと、しだいに極端に相手を否定した言い方になったり攻撃的な発言をしてしまい、いうつもりがまったくないことも口にするなど、完全にブレーキが利かない制御不能のような状態になるのです。

昔から注意し、気をつけるようにしているのですがちっともなおりません。いい始めると止まらないのです。相手も傷ついているのは間違いないと思います。自分もまた大きく傷つき、しばらくは自分に腹が立ったり、落ち込んだり、自分がイヤになります。とくに最近はこのような自分に大きく失望し、何とか変わりたいという気持ちが非常に強くなっています。

良いアドバイスがありましたらお教えください。

《解説》

Yさんは、思っていることと実際の行為のギャップに悩んでいるようです。これは、「なりたい自分になれない悩み」ともいえます。Yさんのように、もっと自分を見つめたいという気持ちからオンライン・メンタルヘルスケアを受ける人というのは、伝えたいことが整理されていることが多く、文章もあまり長くはありません。

【アセスメント】カウンセラー→相談者

こんにちは。

Yさんの気持ちを把握するために、Yさんが伝えてくださったことを私なりにまとめてみました。

Yさんは、奥さんや会社の上司に勇気をもって自分の意見を伝えるのだけれど、相手がYさんの本意を聞き入れてくれないようなときに、話しているうちに感情的になってしまう。本来ならいいたくないことも、相手に冷たいかなと思われる口調でいってしまうんですよね。そうすると、相手も傷つくだろうと思うと同時に自分も傷つき、腹が立ち、落ち込むのですネ。

カウンセリングでお手伝いできることは、「自分を変える」という大きな目標のために、感情がどんどん出てきてしまう状況を一緒に見ていくことです。きっと何らかの共通点がわかり、感情的になる気持ちのメカニズムが見えてくるはずです。そうすれば自らの心が素直に、楽になって、Yさんの目標に少しずつ近づけますよ。相手にいった勇気こそ、Yさんの良さだと私は思います。

相手に自分の気持ちを伝えた後、自分も傷ついたということなので、次からは傷ついた自分について語っていただきたいと思います。それは、少しでもYさんの気持ちが楽になり、目標に到達できるようお手伝いするためです。

こんなカウンセリングアプローチをしたいのですが、私のこのやり方で大丈夫なら続けましょう。

お返事お待ちしています。

《解説》••••••••

カウンセラーは、Yさんの文章に病的な偏《かたよ》りも自殺願望も見られないことから、カウンセリングで解決できると判断しました。

アセスメントでは、カウンセラーはカウンセリングで問題解決ができることを説明し、相談者と一緒に問題に向き合い、ゴールを目指していく姿勢を示します。同時に、自分の手法が希望に沿うものであれば続けましょうという意思表示をします。

••••••••••••••

【カウンセリング1回目】相談者 → カウンセラー

私の相談にとても真剣に向き合っていただけることを感じて感謝します。ぜひ先生のアプローチで取り組んでいきたいと思いますのでよろしくお願いします。文章にする前は自分の気持ちを抽象的にとらえていただけで、きちんと認識できませんでした。客観的な視点から見ることができそうな予感と覚悟を感じています。

∨そうすれば自らの心が素直に、楽になって、Yさんの目標に少しずつ近づけますよ。

いまは真剣にこの問題に取り組もうという意欲が湧いています。

＞相手に自分の気持ちを伝えた後、自分も傷ついたということなので、次からは傷ついた自分について語っていただきたいと思います。

大きく分けてふたつの気持ちがあります。

ひとつ目は相手に対して思うもので、これは相手に嫌われてしまうのではないかと心配する気持ちと、相手にひどいことをして失望させてしまった、相手が本当にかわいそうだ、申し訳ないという気持ちが交錯しています。

もうひとつは、自分に向けられたもので、自分を責めたり、がっかりするような感じです。感情をコントロールすることができなかったことについて「自分はダメだ」と思うのです。不甲斐ない自分を考えると悲しく情けなく思います。またしても成長していないことが露呈され、もどかしいのです。とても自分を許す気にはなれずに、たいていは時間が経過してそのことから意識が離れていくことで解決します。

ふだんから自分は「相手の期待や意に沿いたいと思う気持ち」と、「相手に影響されない、独立した強い人間になりたいという気持ち」の葛藤があります。しかし、どちらの気持ちも、自分のためにも相手のためにもなる方法を追求したいという点で一致しているのです。そして自分が傷つくのは、その目標を放棄したり、完全に背いたと感じるからです。
何だかとりとめのないことを書いてしまいました。何でも正直にお答えするつもりですので、不明な点は遠慮なくズバズバいってください。

《解説》

冒頭で、Yさんはこのカウンセラーとカウンセリングを進めていく意思を表しています。これを専門用語で「マッチング」といい、これによって正式にカウンセリングがスタートします。Yさんはまた、カウンセラーからの質問に対してはぐらかすことなく、正直にしっかりと答えています。その過程で考えがまとまっていくのがわかります。そして、文中に出てくる「葛藤」という言葉はカウンセラーにとって大きな手がかりになります。

【カウンセリング1回目】カウンセラー ↓ 相談者

私のアプローチで良いということでしたのでさっそくセッションを始めますね。

「とりとめのないこと」とお書きでしたが、そんなことはありませんよ。自分の心をこんなに素直に見つめられているのですから。

たとえば、「自分にも他人にもためになる方法を追求しているのだけれど、その目標が達成されない……」など、論理的に整理されていると感じましたよ。

いまの問題に真剣に取り組む意欲が出てきたというその言葉、カウンセラーとしても、すごくすごくうれしいです。

相手の期待や意に沿いたい。

相手に影響されない強い人間になりたい。

気持ちの葛藤とありましたが、Yさんをもっと知りたくてこの質問をします。

このふたつの気持ちは同じ意味のことですか？　相反するものですか？　教えてください。

Yさんの過去の体験をひとつずつ出していただけると、もっと掘り下げられると思います。

このふたつの気持ちがカギになりそうです。

本当の自分はどんな考えで何を求めているのか。

ゆっくり考えながら、楽な気持ちも織りまぜてゆっくり答えてくださいネ。

《解説》

相談者は、迷ったり躊躇《ちゅうちょ》したりしながら文章を書くものです。Yさんも、とりとめのないことを書いてしまったのではないかと不安を見せていますが、カウンセラーはそうした迷いや不安を取り除く必要があります。そして、問題解決に向かって正しい考え方ができている場合には、それを応援します。

カウンセラーは、Yさんが見せた葛藤にフォーカスし、このふたつの気持ちの関係と、それがどう葛藤に結びつくのかを検証するための質問を投げかけました。

【カウンセリング2回目】相談者 → カウンセラー

こんばんは、Yです。

さっそくですが、ご質問にできるかぎり正直にお答えします。

＞相手の期待や意に沿いたい。

＞相手に影響されない強い人間になりたい。

＞このふたつの気持ちは同じ意味のことですか？　相反するものですか？

うーん。同じ気持ちの部分もあれば、相反する部分もあります。しかしふたつの気持ちを明確に区分するのはとても難しい。考えれば考えるほど自分の中で複雑に絡み合っているのです。相手の動向をうかがう自分がいます。そしてその自分に強く嫌悪を感じます。なぜなら、そのような自分は打算的で他力本願で消極的で目指すべき姿の反対ではないかとさえ思えるからです。

逆に〝わが道を行く〟自分は、クールでクレバーに振る舞うことを要求します。そのような自分を気に入ることもありますが、すぐに本心ではないと気づきます。

相手に要求されるからではなく、本当に相手にやさしくしたい。勇気をもってそれを実行することが理想的だと思います。しかしそれを実行していく途中で相手を重視しすぎたりします。またあるときは、相手を無視して理想を達成しようとしたりもします。どちらの場合も違和感があります。

私は〝わが道を行く〟人生を歩みたい。と同時に完全に利己的でありたくはない。誰ひとり無視したくはないのです。きれいごとは言いたくない。嫌いなんです。

しかし生きているかぎり理想をなくしたくはないんです。

＞Yさんの過去の体験をひとつずつ出していただけると、もっと掘り下げられると思います。

前回の上司との衝突の例ですと、自分は会社のために提案をしました。それには自信もあり後悔はありません。会社には上司とぶつかってまで進言する人はほとんどいません。そして本心を発言する人もとても少ないのです。

私はそれでは会社のためにならないと信じ、感じていることを正直に話し、必要だと思う提案をします。しかし提案が受け入れられないとき、私は相手のそのような態度が根本的な問題であるかのように思い始め、八つ当たりのように相手を否定してしまうのです。そしてあとで目的を見失ったことに失望します。

その上司を悲しませてまで達成するものは何もないのではないかと思うのです。またそのような方法ではうまくいくはずがないと感じるのです。それがわかっているのに自分を止められなかったことに落ち込みます。

＞本当の自分はどんな考えで何を求めているのか。

じっくり考えてみて、自分が八方美人というか欲張りすぎているように感じました。誰にでも良い顔をしたい。そして他人のことは気にも留めない人間に憧れる自分に対しても裏切りたくないのかなあ……。

自分の中で求めるものを絞り込む必要があるのかもしれません。今回がそれを整理するいいチャンスだと思います。次のセッションに期待し、楽しみにしております。お返事をお待ちしております。

《解説》

今回、Yさんは「本当の自分は何を求めているのか」というカウンセラーからの問いに対して、自分の中で求めるものを絞り込む必要があると述べています。カウンセラーは、ここからさらに、Yさんが求めているものをもっと具体的に表せるところまで落とし込めるよう導いていきます。

【カウンセリング2回目】カウンセラー → 相談者

2回目の相談では、答えにくいこともあったでしょうが、慎重に自分に向き合ってくださったYさん、ありがとうございました。

文章から、Yさんは「わが道を行く」人生を歩みたいんだなというのがよくわかりました。でも、わが道の定義としてのクールな自分、利己的な自分は本心ではないと気づいたりもするのですね。

Yさんの気持ちをもっと整理したいので、私がいままで受けとめた認識をまとめますね。違っていたら遠慮せずに伝えてくださいね。

相手の動向をうかがう自分は、なりたい自分に規制をかけるもので、なりたいのはわが道を行く自分、というYさんを感じます。

そして、過去の例として挙げていただいたようにわが道を貫こうとするけれど、自分を受け入れてもらえないと相手を否定してしまうのですね。そして、相手の動向をうかがう自分、この場合ですと「悲しませて達成するものは何もない」と思って、自分の態度に落ち込んでしまうのですね。

今回のメールに、自分のことを絞り込む必要があると書いてありましたが、そのときの整理のポイントとして、組み込んでいただきたいなと思ったことがありました。Yさんのメールに、とても多く使われている言葉「わが道を行く自分」です。

わが道を行くのビリーフ（信念）について一緒に考えられればと思っています。

自分のゴールに向かって答えを出すのを焦らないでくださいね。自分を見つめることは永遠の課題です。〝いつの世も〟。３回目のメールお待ちしていますね。

《解説》

今回、カウンセラーは、相談者が２回目のメールでしきりに使っていた「わが道を行く」という言葉に着目し、それにどんな意味があるのかを探ることで、相談者がゴールに近づくための手がかりにしようと考えました。ただし、その意味はカウンセラーがひとりで考えるのではなく、あくまでも相談者本人が明確な答えを出せるようにすることが大切です。そのために、まずは一緒に考える意思があることを相談者に示すとともに、本当に自分が求めるものと「わが道を行く」ことの関係を突きつめるよう提案しています。

【カウンセリング3回目】相談者 → カウンセラー

先生から、私が何度も「わが道」を行きたがっている、と指摘されたことであらためて感じるのは、自分の求めている「わが道」とはいったいどんなものなのかという疑問です。

答えを焦っていて、「わが道」というイメージがひとり歩きしているのかもしれません。たしかに他人に影響されすぎたり、自立した自分を見失うのは本意ではないだろうと思います。また、クールで不動心をもった人物像にも憧れはあります。そして他人に遠慮して不毛な我慢をしている自分を変えたいとも思います。

でも、周りの人の気持ちを踏みにじってしまうのが悲しいのも事実なんです。つまり僕の気持ちはとても多面的であると思います。

ところが、「わが道を行く」というビリーフは「真に建設的な信念をもたねばならない」とか、「迷いや動揺があってはいけない」「揺るぎない信念を保たねばならない」といった考え方にも直結していて、一面的であるようにも感じます。

そして、「そうでない自分は未熟者だ、他人に顔向けできない」という気になって自分を責めます。また、そのように正しい信念をもっている自分を受け入れない相手は間違っている、と他人を責める考えが発生しているかもしれないと思います。

＞相手の動向をうかがう自分は、なりたい自分に規制をかけるもの。

相手の動向をうかがうのは昔からの僕の習性のひとつです。そして、それを恥じてもいるのです。しかしそれは僕のアイデンティティであり、完全に否定しなくてもよいかもしれません。

＞自分のゴールに向かって答えを出すのを焦らないでくださいね。自分を見つめることは永遠の課題です。〝いつの世も〟。

そういわれると、たしかに長い時間をかけて少しずつ積み上げていけばいいのかなあ、無理にいま100％の答えを出さなくてもいいのではないかと思います。

早くゴールを見つけて突き進んでいくのも素晴らしいことですが、もっとおおらかな気持ちでじっくり探していくのも悪くない。そうやって、いま完全な答えを得られなくてもいいと、ゆっくり考えていこうかという気持ちでいます。
ありがとうございました。

《解説》

このメールで、相談者は「他人を責める考えが発生しているかもしれないと思います」と、アセスメントで悩みとして挙げた気持ちをコントロールできない理由（状況）について自分なりに答えを出しています。

カウンセラーは、次のトランザクションの中で、本人が導き出してきた「自分をコントロールできなくなるパターン」、またその根底にある複数の気持ちの整理と理解を確認していきます。

【カウンセリング3回目】カウンセラー　↓　相談者

こんにちはYさん。

早いものでもう3回目のメールになってしまいましたね。このメールカウンセリングは、アセスメントと3往復のトランザクションで一区切りになりますが、これは対面式でいうと1回分のようなものだと思ってください（人によっては3回分以上の価値があると感じる方もいます）。通常のカウンセリングでは1回で楽になり、カウンセリングを必要としなくなるときもあれば、1つのテーマに数年かけ、そのテーマの背後にある複数の問題に同時にアプローチしていくこともあります。

Yさんが、カウンセラーともう少しカウンセリングを試みたいなと思うのであれば、またこの『ココロノマド』にアプローチしてくださいネ。

今回は3回目のコメントを出すにあたり、アセスメントから私たちの会話を見直してみます。3回のカウンセリングを振り返り、明日への一歩を踏み出すきっかけを一緒に探すべく、以下のことをまとめてみました。参考にしてください。

「何とか変わりたい！」ということでしたが、1回目のカウンセリングで書かれていたように、それまで自分の気持ち自体を抽象的にとらえてきちんと認識できなかったのが、客観的に見ることができそうな予感と覚悟を感じたのですネ。

そこで、クローズアップされたのは次のことでした。

「感情をコントロールできない自分に対しての嫌悪感」
「相手の期待に沿いたい自分」
「相手に影響されない、独立した強い人間になりたいという気持ち」

2回目のカウンセリングでは、感情をコントロールできない自分に対して嫌悪感を抱くもとになっている、Yさんの心の内にある気持ちの意味やバランスにフォーカスをあてました。

相手の期待に沿いたい自分と、相手に影響されない強い人間が意味するものを考えていただきましたね。これは大変な作業だったと思います。しっかりと自分と向き合ってくださってありがとう。

そこで出てきた新たな概念が「わが道」でした。

Yさんは、わが道を行きたいけれど、利己的でありたくないという気持ちでいる。自分がわが道は正しいということを示そうとしても、相手がそれを正しいと判断できないと、それが相手の根本的な問題であるかのように思えてしまい、その相手を否定し、さらにそんな人を否定するような自分自身にも落ち込んでしまうのですネ。

そこで、この時点でYさん自身が導き出した考えは、

「誰にも悪い顔をしたくないけれど、他人のことは気にも留めない人間にも憧れるという、八方美人のように欲張っている自分を感じていたので、自分の中で求めるものを絞り込もう」

というものでした。

そこで、3回目では自分の求めていることを絞り込むためのポイントとして、私は、「わが道を行く」の意味するものを指摘しました。

Yさんは、わが道がいったいどんなものなのかという自分のビリーフ（信念）に見事に触れました。私は、Yさんならできると信じ、そのビリーフに大胆にも触れてもらったわけです。

わが道を行くことには、とても多面的な思いがあるのに対し、自分への嫌悪感を感じるときは一面的な考えが発生していると感じたのですね。

また、「最後に完全な答えを得られなくても、おおらかな気持ちでじっくり自分のゴールについて考えていこう」という気持ちをもたれたことで、アセスメントの目的であった「何とか

変わりたい」というテーマに近くなったのでは、と思っています。

このカウンセリングで、「いい始めると止まらない自分」は、どのような心の動きで発生しているか、自分なりのロジックに気づかれたと思うのですが、いかがでしたか？

じっくりと自分のゴールに向かっておおらかに考えていこうという気持ちを忘れないでくださいね。なぜなら、Yさんの本心はとても多面的でたくさんの〝好きな自分〟も含まれているのですから……。

私は、何とか変わりたいと思うYさんを心から応援しています。もしまた、整理したい、客観的に自分を感じたいということがあればコンタクトしてきてくださいね。心よりお待ちしています。

それではお身体に気をつけて、ひとまずごきげんよう！


【まとめ】

Yさんのカウンセリングを整理すると、次のような段階を踏んだことになります。

A［問題発見］……自己主張して、相手が聞き入れないと攻撃的になる。そんな自分に落ち込み、自分を変えたいと思う。

B［自己対決］……「わが道を行く」自分と、「相手をうかがう」自分との葛藤。

C［自己受容］……「わが道」のイメージがひとり歩きしていたことに気づき、完全な答えを出さなくてもよい、自分を否定しないでよいと思い始めた。

そして、今後Yさんが「自分を変えたい」というゴールに到達するためには、さらに次のステップを踏む必要があります。

D［検討］……「わが道」＝正義を貫きたいと思ったとき、一面的な自分が出る場合の対処法を検討する。

E［実行］……Dで検討した課題を実行し、感情のコントロールができ、自分に嫌悪感をもたない状況にする。

相談者の心理的経験のプロセス

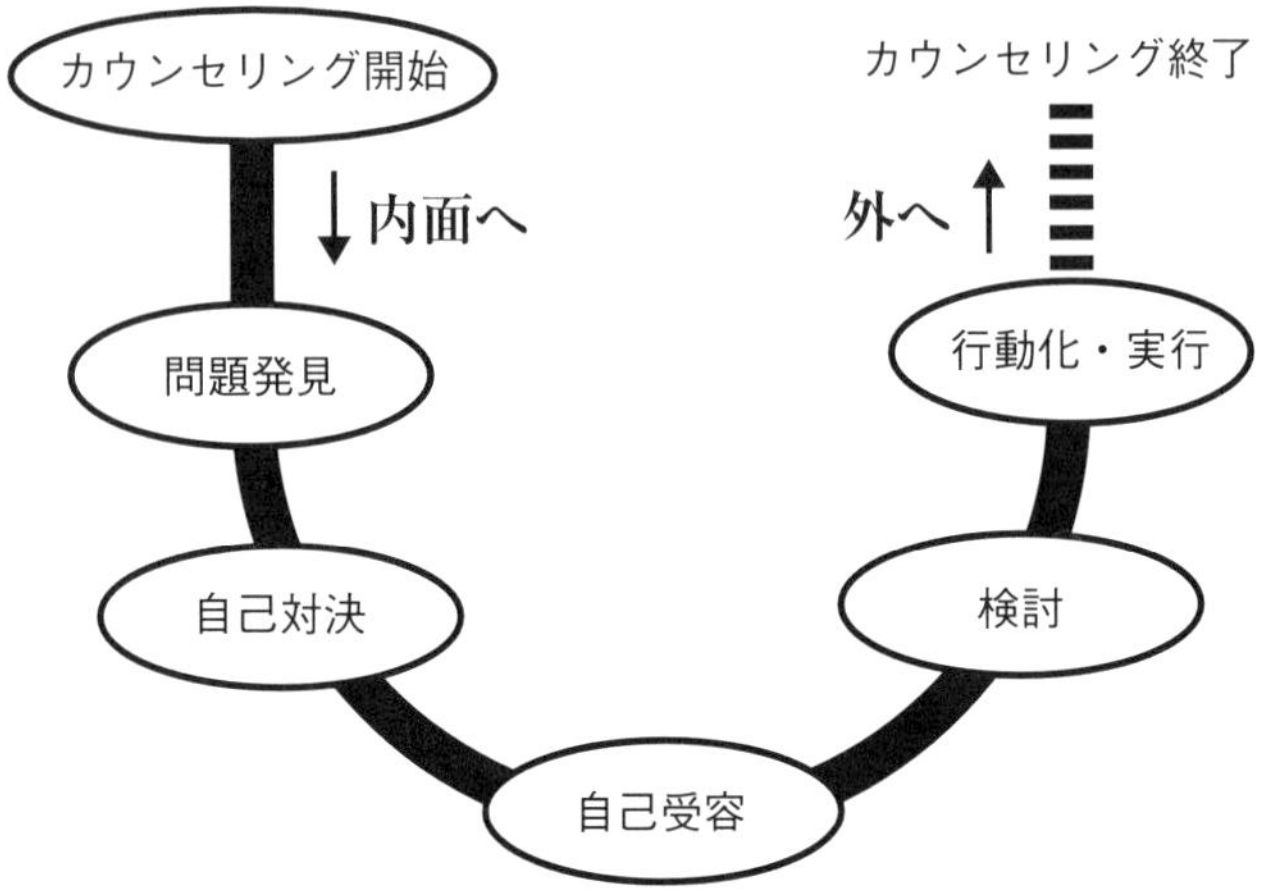

Yさんの場合、これまでのトランザクションでCまでできているため、ひとりでEまでスムーズに到達できるかもしれませんが、本人がカウンセリングの続行を希望する場合には、D、Eを行うプロセスを支援します。

具体的には、「自分の正義を受け入れない相手の態度をどう受けとめ、自分の正義をどう伝えるか」について、試行錯誤を体験していくプロセスをサポートするのです。

人は、一度成功体験ができると人生の新たな一歩を踏み出す力が生まれます。私は、Eの段階までサポートするのが理想的なカウンセリングだと考えています。

インターネット依存症にも有効なＷｅｂカウンセリング

前章で紹介した「アディクションがベースにあるうつ」の症状のひとつに、「インターネット依存症」があります。この状態に悩み、うつ病にまでなってしまう人がいまとても増えています。

ひとつの例が、インターネットでばかり買い物をしてしまう人です。インターネットで見つけたものは、何でも欲しくなって買ってしまう。オンラインで買い物をする場合、カード決済をすることが多いため、お金の感覚が麻痺しています。実際にお金に触れていれば自分の財布にあといくら残っているかがわかりますが、目に見えるところでお金を動かさないために、あれも欲しい、これも欲しいとなってしまい、最悪のケースでは自己破産にまで至ります。これはとくに女性に多く見られる状況です。

また、パソコンから離れられず、常にネットサーフィンをしていないと気がすまないというケースもあります。

専業主婦に多く見られる症状で、ネットサーフィンに夢中になるあまり時間の感覚がなくなってしまい、日常の家事が十分にこなせなくなり、しだいに夫や子どもに対する罪悪感を深めていくことから依存症と化してしまうようです。

ひどくなると、本当に何もしたくなくなります。身体を動かさなくてもパソコンの前に座っていれば何でもできてしまうため、頭の中がバーチャルの世界に染まってしまうのです。

買い物もインターネットでできるため、家から一歩も出なくなってしまう。ちょっと目が疲れたなと思ったら、それこそ海のシーンが出てくる画面を見て目を癒すこともできるのです。

座りっぱなしで、全部インターネットですまそうとするわけですから、当然ながら家庭内もすさんできます。母親がずっとパソコン画面に見入っていては、子どもへの対応もおろそかになり、ご主人ともトラブルになるのは目に見えています。

逆に主婦の方から、「会社から帰ってきた主人が、インターネットで見ず知らずの人と囲碁や将棋ばかりしていて、家族とろくに会話もしないで寝てしまう。こんな主人をどうにかしてください」という相談を受けたこともあります。

こうしたインターネット依存症の人にWebカウンセリングを勧めるのはちょっと難しいよ

うに思えるかもしれません。けれど私は、インターネットにハマっているからこそ、Ｗｅｂカウンセリングなら受けてみる気になるのではないかと思うのです。

Ｗｅｂカウンセリングなら、いつもの行為の延長線上でカウンセリングを受けられるのですから、カウンセリングルームに行くよりも、立ち直るためのきっかけをつかみやすいのではないでしょうか。

インターネット依存症から抜け出すためのカウンセリングでは、それに頼ってしまう自分を文章にして書き出し、読み直してもらうことから始めます。そうやって自分を客観的に見つめる時間をつくるのです。

インターネットにハマっている人たちは、一日中家にいても楽しいわけで、外に出るのは何かと煩《わずら》わしいと感じています。その状態から興味を外に向けさせて、実際に外出できるようにするのが、この場合の当面のゴールになります。

相談者がメールだけのＷｅｂカウンセラーと会ってみたい、と思えるような信頼関係をつくり、対面式カウンセリングに移すという方法も考えられます。

対面式カウンセリングに出かけていくのをきっかけにして、外の世界に少しずつ接することができるケースもしばしばあります。そうして季節のうつろいに目を向けられるようになったなら、それは心に余裕が出てきた証拠であり、依存症から抜け出すのもそう難しくはないかもしれません。

オンライン・メンタルヘルスケアの挑戦

ここまでインターネットを利用したWebカウンセリングのメリットについて触れてきましたが、コンピュータを利用するがゆえの欠点もあります。

対面式であれば、相談者の顔色や雰囲気で相手が疲れているのがわかったり、神経質に椅子を揺する姿を見て症状を判断したりできますが、Webカウンセリングではそれができません。カウンセラーにとって重要な相談者の「ノンバーバル＝言葉でないもの」の行動を見ることができないのです。

そのため、思考に問題がある人や、死にたい、誰かを殺したいという願望がある人、異常行動に出る人というのはWebカウンセリングには適していません。

また、文章でコミュニケーションができない人や時間に過敏な人（すぐに返信がないと我慢できない人）というのも受け入れるのは難しいといえます。

そこがWebカウンセリングの限界なのですが、私は限界という言葉を使いたくはありません。

限界はあるかもしれないけれど、チャレンジ、新たな課題としてとらえたいのです。いくつかのハンディは、コンピュータ技術の進歩とカウンセラーの訓練、その両者の二人三脚によって克服できると考えています。

また、言葉のテクニックに関しても改良の余地はあります。

たとえばアメリカでは、インターネットでカウンセリングを行う際、感情のこもったコミュニケーションをとるために「emoticons」と呼ばれる絵文字を利用します。その中でもっとも基本になるのが、微笑を表す「:)」という絵文字です。

しかし、『ココロノマド』のスーパーバイザーであるジェイソン・ザック博士（詳しくは174ページを参照）が顧問を務めている「国際オンライン・メンタルヘルス協会（ＩＳＭＨＯ）」

の会員のあいだでは、最近、この絵文字を使うのをやめ、かわりに日本式の顔文字「(^_^)」を使うようになったそうです。それは、こちらのほうが文章で感情を表現するのに適しているという理由からです。

すでに一般の人々のあいだにも浸透している顔文字は、文章をより朗らかにして、ビジュアルとしても楽しいものにしてくれます。

私たちカウンセラーも、「次の返事、待ってます。(^_^)」と書いたり、相談者が何か新しい目標を見つけて、「明日からこれをやります」と書いてきたときには、「それはすごい、(^_^)」と褒《ほ》めたりします。

ただし、一般の人のメールと違って、カウンセラーは1通のメールで1、2個しか顔文字を使いません。使いすぎると、読みにくくなるだけでなく、日常会話との差がなくなってカウンセリングの効果が薄れたり、信用のおけない文章だと思われたりする危険があるからです。

ですから、顔文字はあくまでアクセントとして使います。

そして、相談者に気持ちのゆとりがあって、メールを書くことに慣れている場合には、顔文字の意味するものをあらかじめふたりのあいだで取り決めたうえで、カウンセラーは相談者に対して顔文字を使うよう指導し、感情を表に出させるようにすることもあります。

相談者の感情は、カウンセラーがカウンセリングを進めるための貴重な手がかりになります。とりわけ文章ですべてのコミュニケーションを行わなければならないWebカウンセリングでは、カウンセラーは相談者の文章から感情を正確に読み取る必要があります。そこで、相談者に感情をできるだけ詳しく伝えてもらうための道具として、「感情の用語リスト」のようなものを活用します。たとえば、「人の目が気になる」といっても「恥ずかしい」からか「煩わしい」からか、その時々の感情は異なります。

感情というのは、なかなか言葉で表現しづらいものですが、メールに感情の用語リストを添付して、「この中から、いまのあなたの気持ちを表している言葉を選んでください」と聞けば、相談者はより詳しく感情を伝えることができます。

また、人間の感情というのは、表に現れている感情の背後に、その原因になっている別の感情が隠されていることが少なくありません。

たとえば、相談者の心の不調や変調を表すサインのひとつである「怒り」の裏にも、さまざまな感情が隠されています。カウンセラーは、その感情に介入していくわけですが、そのとき

「怒り」の背後に隠された感情

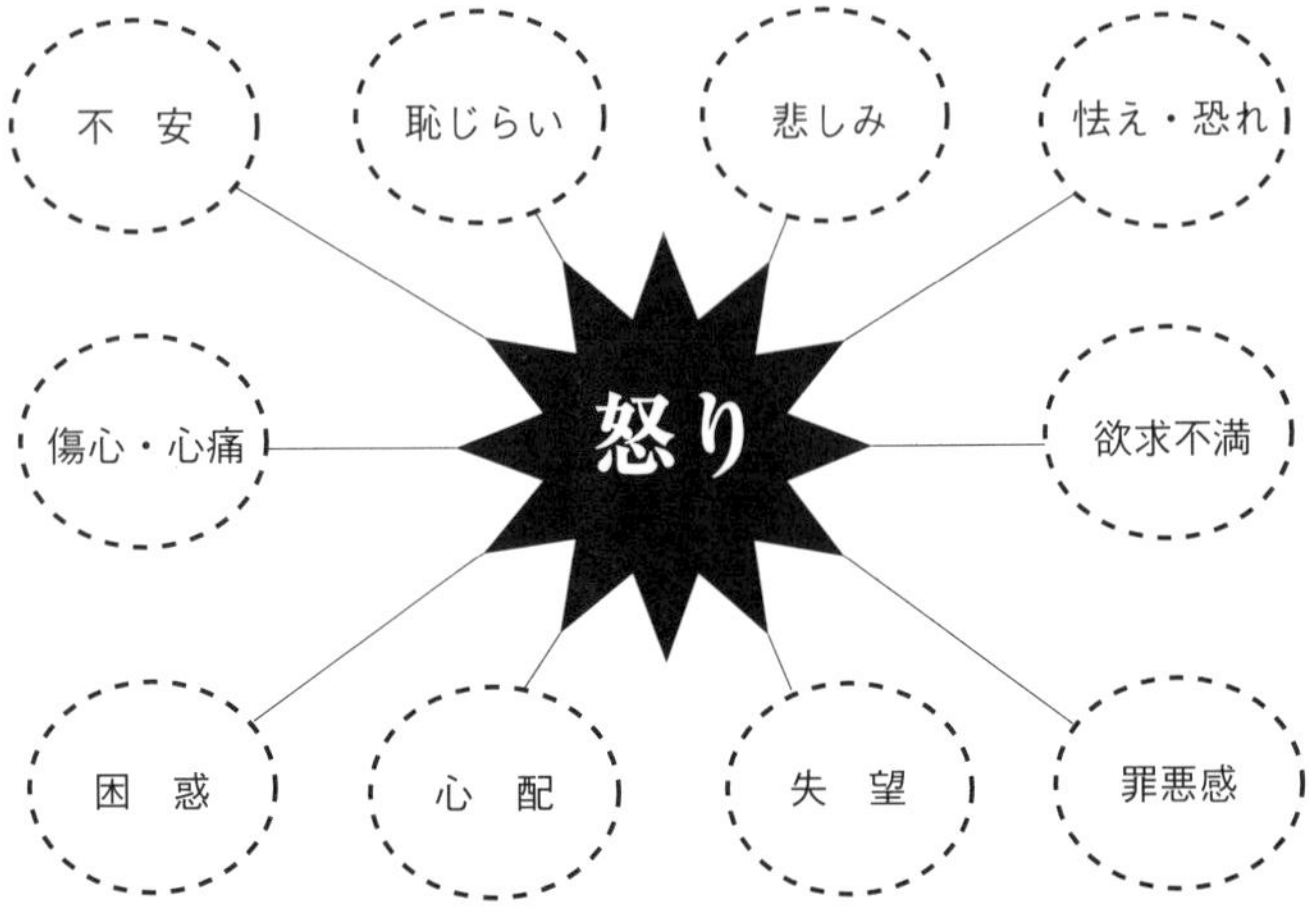

には上のような図が役立ちます。

使い方としては、「あなたの怒りの裏にはこういう感情があるのではないですか？」と、考えられる感情を書き出します。そして、思い当たらないものは消去してもらい、自分で気になる感情、たとえば「恥じらい」であれば、その内容をより具体的に、詳しく書いてもらいます。そうした感情が複数あるなら、その中でいちばん気になるのはどれか、いつから、どんなときにそれを感じるのか、その深さ、頻度などを尋ね、ストレスの原因になっているものと感情の動きにフォーカスしていきます。

こういう道具を活用することで、相談者は

自分の感情が客観的にわかるようになり、カウンセリングがスムーズに行えることもあります。こうした工夫も、Ｗｅｂカウンセリングの可能性を広げるものです。

第2章のポイント

・オンライン・メンタルヘルスケアは、インターネットを利用するもので、中でもEメールによるＷｅｂカウンセリングがもっとも一般的な手法である。
・オンラインによるカウンセリングには、相談者にとってさまざまなメリットがあり、初心者が手軽に利用できるのが最大の特長である。
・オンラインでのカウンセリングには、「局所の状況を把握する」「ストレス発生要因の探索」「心の免疫力づくり」という3つのステップがある。
・オンラインによるカウンセリングは、インターネット依存症にも有効である。

❸

「すべての人に開かれたココロノマド」

Ｗｅｂを介してできるふたつの支援

何度も言うようですが、Ｗｅｂカウンセリングという行為は、カウンセラーが相談者に「何かを与える」のではなく、相談者本人が自分らしさを取り戻せるよう「手助けをする」ことです。

そのための方法としては、ふたつの支援があります。

まず、ひとつは「情緒面」での支援です。

これは、相談者からの文章を読んで、気持ちの背後にあるさまざまな考え方や、相談者がおかれた環境に全面的な共感を示すことで達成されます。考え方を否定するのではなく、ゆっくり時間をかけて本人のペースにしたがって気持ちや考え方の軌跡をたどり、一緒に歩みながらゴールを目指す支援です。

たとえば「私ってバカよね。死んだほうがいいのよ」という人がいます。それに対して、カウンセラーは「そんなことはありません。死んではダメですよ」とは返答しません。「バカは死んだほうがいいのかな?」と問いかけ、「私ってバカ」「死んだほうがいい」という考えにいたるまでに、どんな経過をたどってきたのか、その言葉の裏にはどんなメッセージが隠されているのかなどを一緒に考えていきます。そうして切羽つまった気分から脱出できれば、「自分はバカなんかじゃないんだ。死ぬ必要はないんだ。もしかしたら自分をわかってほしいという気持ちが、『死んだほうがいいんだ』という表現になってしまったのかも」と自分自身を正しく評価できるようになっていくのです。

また、やらなければならない仕事が多すぎて、なかなかはかどらないと、すぐに「僕は何もできないんだ」と決めつけてしまう人は多いものです。

頭の中に「やるべき事」がパンパンに詰まっていて、できないという事実だけをピックアップしてしまうため、「自分は無能なんだ。この部署には必要ないのだ。迷惑をかける人間だから消えてしまいたい」と思いつめてしまうわけです。そこでカウンセリングを通して「こういう順番、方法でやればできるのだ」ということを学習し、頭の中を整理し、自分が解決できそうな問題から順に実行できれば、相談者は「やればできるんだ」と自分自身を再評価することができるでしょう。

自分をきちんと評価できれば、自分にはそれをする能力がある、やればできることがわかります。そうなれば、自分が何をすべきかということもわかり、行動につなげることができるのです。

もうひとつは「情報面」の支援です。

その代表例は本やインターネットの情報サイトでしょう。カウンセラーは、相談者に情報を提供することがよくあります。「うつ」や摂食障害の生理的なメカニズムを知りたいという相談者には、それについて書かれた本をリストアップして教えるなど、すばやく対応することが求められます。

何かを知りたいという願望が出てくるのは、気持ちがとても前向きになっている証拠であり、その前向きなエネルギーが心の浄化作用を高めていきます。頭や気持ちがモヤモヤしている状態では、そういう欲望は出てきません。

本については、「この本には、こんなことが書いてあります。とくにこの部分が参考になるかもしれませんから、読んでみてはどうですか」と勧めるようにします。このとき、カウンセラー側は、自分自身が内容をよく理解しているものを自信をもって勧めるのがよいでしょう。

カウンセラーが提供する情報に責任をもつのは当然のことだからです。

Ｗｅｂカウンセリングと聞くと、なんだか機械的で堅いような印象を受けるかもしれません。でも実際は、生身の人間が介在した、より丁寧で柔軟なものだと私は考えています。

たとえば、カウンセラーが相談者に参考になりそうな資料を見せようとしても、対面式であればカウンセリングの最中に探すには時間や手段に制約があります。それがＷｅｂカウンセリングであれば、相談者のメールを分析しながら資料をじっくり探すことができますし、本の情報や参考になるホームページはメールに添付して送ることもできるため、相談者にとって必要な情報をすぐに手に入れることができます。

これも、一度に多くの情報を手軽に送れるというインターネットの特長です。

その意味で、相手により多くの選択肢を与えられるオンライン・メンタルヘルスケアは、よりハートフルなものだといえるでしょう。

情報面で支援するケースとして、最近増えてきているのが「介護」にまつわる相談です。介護に悩む人のカウンセリングの例としては、かつてこんなケースがありました。それは、89歳になる姑《しゅうとめ》を介護しているAさん（63歳）からの相談でした。

お嫁さんであるAさんは、毎日一生懸命に姑の介護をしているのに、「料理がまずい」といわれたり、おむつを取り替えようとして手を叩かれたりしていました。

やがてAさんは「こんなに一生懸命にやっているのに、どうして怒られたり、嫌味を言われたりしなくちゃいけないの」という思いが強くなります。そうした怒りや不満から疲労は倍増し、また同じことをいわれるのではないかという恐怖感も覚えるようになりました。そうなると、姑を嫌いになるのは当然です。

嫌いな人の介護というのはとにかく疲れますし、夫の母親である姑を嫌う自分もイヤになって、姑との溝がどんどん深まるばかりか、夫との仲もギクシャクしてしまったそうです。

この場合、Ｗｅｂカウンセリングでは2種類の情報的支援をすることにしました。

ひとつは、介護サービスに関する情報です。

Aさんには、「介護は、嫁である自分がやってあげなくてはいけないもの」という、ある種の思い込みのようなものがありました。そこで、いまの日本には、国の制度として介護保険というものがあり、それを利用するのは当然の権利なのですよということを資料とともに説明しました。

そして、具体的な手段として、ヘルパーさんや巡回介護ステーションといった在宅支援サービスや、デイケアサービスの情報を提供しました。そうした情報を知ることで、彼女は介護を第三者に助けてもらうことに抵抗がなくなったようでした。

次に、ふたつめの支援として、お年寄りの心の動きを理解し、介護疲れした家族のケアも心得た「ジェロカウンセラー」を紹介しました。

ジェロカウンセラーとは、高齢者、介護者、介護支援組織の心の健康管理を行うことを目的とし、とくに高齢者特有の問題行動を悪化させず、「がんばらない勇気」をもった介護をするためにはどうしたらよいか、という分野に精通した老年心理学のプロフェッショナルです。ジェロカウンセラーのお姑さんへのカウンセリングの中から、次のようなことがわかりました。もとは教師だったというお姑さんは、もの忘れがひどくなり、自分でも変だと思うようになっていました。でも、そんな自分を悟られたくないという思いも強く、自分ではどうすることもできないもどかしさを、嫁であるAさんにぶつけていたのです。

Aさんも、カウンセリングを受けるうちに気分が安定してきました。表情が柔和になり、話しやすい雰囲気を感じたのか、お姑さんはAさんにポロポロと、もの忘れのことなどを打ち明けるようになりました。そして、徐々に「老い」を素直に受け入れるようになり、Aさんに対するイライラも減っていきました。やがて、Aさん自身もストレスを感じることなく通常の介護ができるようになりました。

このように、介護に関しては、まだまだ情報が行き渡っていない部分があります。ですから、これまでであれば、ご近所同士で交換していたような情報の提供といったことも、これからはカウンセラーの役割になるはずです。

繰り返しますが、カウンセラーが先頭に立って与えていくのではなくて、情緒面、情報面で支援をして、相談者が自分らしくあるための変化を起こすお手伝いをするのがカウンセリングです。

心が弱り、疲れきっている人にとっては、インターネットでオンライン・メンタルヘルスケアのサイトを探しだし、実際にそこでカウンセリングを受けるだけでも大変な作業のはずです。ですから、サイトにコンタクトしてきた方々には、常に私は、「ここまでよくひとりでたどり着きましたネ。その気力が出たなら、必ずトンネルの先には光が見えますよ」と心の中でエールを送っています。なぜなら、相談者のクリックのひとつひとつが意味のある変革への第一歩だからです。

オンライン・セキュリティ

オンライン・メンタルヘルスケアで効果を上げるには、まず、Webカウンセリングとはどういうものかを知っておく必要があります。

私たちが運営しているサイト『ココロノマド』の場合、トップページに「カウンセリングとは何か」というメニューを設けていて、アクセスした人には最初にこれを読んでもらい、Eメールによるカウンセリングの目的を理解していただくようにしています。

その後、実際にカウンセリングを受けるにあたって、会員登録（無料）をしてもらう仕組みをとっています。会員登録をして初めて、どんなカウンセラーがいるのかを見ることができるのです。

会員登録では、当然、個人情報を入力してもらうことになりますが、気になるセキュリティについては、相談者からの個人情報は「ＳＳＬ」という方式で暗号化して送信してもらい、絶対に外部に漏れないよう配慮しています。その際、キーになるのが「ユーザーＩＤ」です。

まず、相談者が個人情報を送信するときの「パスワード」を設定し、入力します。すると、自分のメールアドレスに登録確認のメールが届き、その中にサイト側で指定したユーザーＩＤが明記されてきます。つまり、ユーザーＩＤでカウンセリングルームの入口に到達し、パスワードで入室するという仕組みをとっています。一緒に送受信しないことで、セキュリティを強化しているのです。

わかりやすくいえば、相談者とカウンセラーはそれぞれがもっているカギでカウンセリングルームのドアを開けて部屋に入り、出ると自動的にカギが閉まるという方法です。そのため、他人が部屋に侵入したり、のぞき見されたりする心配はありません。

いま、日本でもオンライン・メンタルヘルスケアのサイトがどんどん立ち上がっています。「オンライン相談」と銘打って個人が行っているものもありますが、それらのほとんどは、通常のメールでやりとりをしているため、セキュリティの面で大きな問題があります。多くのサイトにとっては、個人情報を守ることが今後の課題といえるでしょう。

自己責任のルールを確立

また、オンライン・メンタルヘルスケアを利用する際には、「自己責任」という言葉がポイントになります。

サイトは、相談者と登録カウンセラーを仲介して、カウンセリングのチャンスを提供しているにすぎません。カウンセリングは、あくまで相談者とカウンセラーの関係において行われます。

『ココロノマド』の場合、登録されているカウンセラーには一定の採用基準を設けているため、能力の劣るカウンセラーは存在しませんが、相談者との相性は実際にやりとりをしてみないとわからないというのが正直なところです。

つまり、サイト側は、相談者に対して複数のカウンセラーを選択肢として示すことはできますが、カウンセラーを選び、その結果に責任をもつのはやはり相談者本人なのです。

ですから、カウンセラーについても、サイト側からは「あなたにはこの人がいいですよ」という推薦はしないのがルールです。

一方、サイトに掲載するさまざまな情報はあくまでも提案であって、万人に効果を発揮するとは限りません。それは、心の不調というものの本質を考えればわかっていただけるでしょう。

しかし、Ｗｅｂカウンセリングのみで症状がなかなかよくならないときでも、サイト側が相談者を見放すことはありません。本人が望むのであれば対面・電話によるカウンセリングに切りかえたり、精神科医や他の専門医の紹介なども行います。このように、「最後には私たちがいますよ」と言い切れるよう、専門家の技術と情熱に裏打ちされた連携づくりをしていきます。

カウンセラーの上手な選び方

Ｗｅｂカウンセリングを受ける前には、カウンセラーを選ぶというもうひとつ重要な作業があります。前にも書いたように、そのカウンセラーがどれだけすぐれた能力の持ち主でも、相談者の悩みが専門外だったり、相性が悪かったりしたなら、カウンセリングの効果はあまり期待できません。成果を上げるには、自分に合ったカウンセラーを見つけることが何より大切になります。

自分に合ったカウンセラーを選ぶには、次のようなポイントがあります。

＊抱えている悩みや問題をあらためて整理してみる

まずは、いま自分が抱えている悩みや問題を書き出します。

それをいくつかの項目に分け、その中でももっとも重たい、早く楽になりたいと思う問題（出来事）を決めましょう。

＊スペシャリストを探す

自分が大きな問題だと感じている事柄について、その分野を得意としているカウンセラーを探してみるとよいでしょう。ちなみに『ココロノマド』では、登録されている全カウンセラーの専門分野、得意分野を次の16項目に分けて管理しています。

①職場、仕事、キャリア　②人間関係　③夫婦・家庭関係　④子ども・育児関係　⑤学校・教育関係　⑥性の問題　⑦アルコール中毒、薬物依存　⑧痛み、体調などの病気関連　⑨加齢、介護関連　⑩女性特有の問題　⑪不安を感じる　⑫気分が優れない　⑬元気がでない　⑭イラ

イライラする　⑮悲しみを感じる　⑯その他

＊カウンセラーのプロフィールを注意深く読む

次に大切なのが、カウンセラーのプロフィールをよく読むことです。カウンセラーが男性と女性では、どちらのほうが話しやすいのかも考えてみましょう。また、カウンセラーのバックグラウンド（経歴、専門分野、キャリアなど）に信頼がおけるかどうか、カウンセラーとしてのポリシーに共感できるかどうか、さらには安心して意思疎通を図れそうかなどを考えてから、カウンセラーを決定します。カウンセラーを選んだら、そのカウンセラーとのあいだで「アセスメント＝見立て」を行います。

相性をチェックできる「アセスメント」

アセスメントとは、相談者とカウンセラーがおたがいの情報をやりとりして、カウンセリングを行うかどうかを最終決定するための事前確認のようなものです。

『ココロノマド』でカウンセリングが効果的に進んだケースには、あるパターンが存在することを発見しました。それはアセスメントの時点で、相談者がかなりの情報をカウンセラーに提示しているというケースです。どのような情報が役立つのか、そのポイントを11の項目にまとめてみました。

（1）違和感のある部分（身体、心ともに）はどこか
（2）それはいつからあるのか
（3）違和感の性質（日によってアップダウンがあるかなど）
（4）違和感の強さ（いちばん強いときにくらべていまの状態はどれくらいか）
（5）強まったり、弱まったりする要因が思い当たるか
（6）関係があると思われる症状や兆候（身体、心ともに）
（7）いまの心理状態
（8）生活への影響

（9）これまでの対応策
（10）周囲の状況（身近な人間関係や、会社、所属団体との関係など）
（11）ここまでの項目を読み返してみて、少しのあいだ目を閉じ、「自分の短期的な目標＝すぐに何とかしたいところ」と「長期的な目標＝人生の大きなゴール」は何かを考え、カウンセリングで手助けしてほしいポイントを示す。思いつかない場合は、記入しなくてもよい

カウンセラーは、相談者から送られてきた情報を確認し、相談者にとって自分が適したカウンセラーなのか、相談者がカウンセリングを受けられる状態かどうか、さらには相談者にはどんな情報提供が適切かなどを検討してから、相談者に対して、自分がカウンセリングを引き受ける意思があること、カウンセリングを進めるうえでの方針などを提示します。そして、最終的には、相談者がカウンセラーからの返答を読み、文章の流れや言葉づかいなどから、そのカウンセラーに依頼するかどうかを決めるのです。

アセスメントでは、何人かのカウンセラーに自分の悩みや気持ちを書き送って、その返答を見比べてみるのもいいでしょう。焦ってひとりに絞らず、複数のカウンセラーとやりとりして

みるのです。とくに初めてのカウンセリングには不安がつきもの。心配事やカウンセリングについて聞きたいことなどを、遠慮せずにぶつけてみます。とにかく自分の不安を伝えることが必要です。

もしも自分が不安定で危険な状況に陥ったとき、カウンセラーがどんな対応をとってくれるのかも話し合っておくといいでしょう。自分に合ったカウンセラーを選べれば、信頼関係が生まれやすく、より効果の上がるカウンセリングにつながるはずです。

コミュニケーションに秘められたパワー

アセスメントは、それ自体にカウンセリング効果があるともいえます。たとえば「何だかわからないけど、私はイライラしているんです」という相談者がいます。それが、仕事が原因なのか、子どもの教育が原因なのか、本人にはわからなくても、最初のコンタクトであるアセスメントで、カウンセラーが「一緒に考えていきましょう」と回答した途端、相談者の気持ちが楽になってしまうというケースはよくあります。

このように、言葉ひとつで、「自分には支えてくれる人がいるのだ」と思えてきて、人によってはその時点でカウンセリングの必要がなくなってしまうケースです。何がきっかけで解決につながるかは、本人にしかわからないのです。

ストレスというのは、人とのコミュニケーションの中で悪化し、同時に人とのふれあいの中で回復することが往々にしてあります。

コミュニケーションには、それだけ大きなパワーが秘められているのです。

薬を飲んでもよくならなかったのに、自分の相手をしてくれる人がいると思っただけで、症状が本当に消えてしまう人がいるのです。

これは人がもたらすパワーだと思います。「ふれあいコミュニケーションパワー」とでもいうのでしょうか。自分に合ったカウンセラーとのやりとりは、それほど大きなエネルギーを相談者にもたらします。

ただし、このアセスメントの段階で、相談者が次のような状態にある場合には、『ココロノマド』のカウンセラーは、事前に取り決めたガイドラインにのっとって「Ｗｅｂカウンセリングに適さない」と判断し、相談者には他の方法を提示することになります。

・自殺願望が強い。リストカットなどの未遂歴がある
・幻覚、妄想、不安焦燥などの精神病状態にある
・薬物治療、身体治療が必要だと考えられる
・暴力的な人
・文章表現力をはじめとする知能や記憶に欠陥がある
・法に触れる行為が疑われる（薬物依存、窃盗、殺人、傷害など）

また、相談者の症状について医師の判断を仰ぎたい場合、カウンセラーは本人の承諾を得たうえで相談者の状態を開示し、精神科の医師の判断を仰ぎます。医師のコメントを添えて相談者に伝え、その結果によってはそのまま精神科に引き継ぐこともあります。

アセスメントでのマッチングを終え、カウンセラーが決まると、いよいよカウンセリングに入るわけですが、その前に、『ココロノマド』では必ず「カウンセリング同意書」を確認してもらう仕組みになっています。これは、カウンセリングをするために必要なルールのようなものので、これを最初に相談者にきちんと理解してもらうことによって、カウンセラーはトラブル

を防ぐことができます。

たとえば、私たちのサイトでは、「カウンセラーは、相談者からのメールを受け取ってから72時間以内に回答する」という条件を設けていて、相談者はそれを了承して初めてカウンセリングがスタートします。

Webカウンセリングで効果を上げるコツ

Webカウンセリングのコミュニケーション・ツールは基本的にはEメールです。つまり「文章」のやりとりで進行します。そこで、知っておくと効果が得やすいコツをいくつか紹介しておきます。

＊文章を「うまく書く」必要はない

カウンセラーにメールを書くときは、「わかりやすく書こう」とか「上手に書こう」などと考える必要はまったくありません。自分の頭や心に詰まっている気持ちや悩みを、そのままカウンセラーにぶつけてみればよいのです。

「理由はわからないけれど、とにかく胸が苦しい」

「毎日がつらくて仕方ない」

「頭にいろいろ詰まっているのに、それが何なのかわからない」

このような場合、「わからない」という表現でもいいから、そのまま書き始めてみることです。うまく文章化できないものについても、「表現するのが難しいけれど、思っていることはたくさんある。たとえば……」と箇条書きにしてカウンセラーに送ってみます。その言葉のどれかが、きっとカウンセリングのきっかけになるはずです。

＊どんな文章も貴重な情報を含んでいる

対面式カウンセリングであれば、相談者の言葉だけでなく、表情や息づかい、ちょっとした仕種などからも心の内を察することができますが、Ｗｅｂカウンセリングではそれができません。相談者からカウンセラーが受けとる情報は文字がすべてです。

したがって、もしかしたら無駄かもしれないと思うことでも、できるだけ詳しく伝えることです。無駄な文章などありません。体調・考え方・気持ち・行動パターンなど、そのすべてがカウンセリングのための貴重な情報になりますから、文章を短く、簡潔にまとめようなどと考えず、気になることはすべて書いてみましょう。

*自分の希望をカウンセラーに伝える

カウンセリングでは、相談者は自分がカウンセラーに何を求めているかを伝えることが大切です。それを常に文章の中に入れ込むよう心がけます。

たとえば、「自分はいつも周りが気になって仕方がない。それをどうにかしたい」など、願望をなるべく具体的に書いてみる。相談者の味方であり、心のサポーターであるカウンセラーは、それを手がかりに悩みの原因を突きとめる手助けをしてくれるはずです。

求めるものがない場合には、頭の中にあるモヤモヤや、すっきりしない気持ちなどでも構いません。いまの自分の状態を正直に書いてみることです。

＊自分の書いた文章を読み返してみる

カウンセラーあてのメールを書いたら、送る前にもう一度読み返してみてください。その文章の中に、自分がいちばんいいたいこと、思っていることが書いてあるか。それをもう一度確認するのです。

これには、カウンセラーに情報を提供する以外に、もうひとつ重要な働きもあります。もっとも強く思っていること、感じていることを表現することは、つらい気持ちを楽にする一歩でもあるのです。

＊カウンセリングを受けた感想を書き添える

カウンセリングを受けて感じたこと、思ったことをカウンセラーに伝えましょう。相談者がカウンセリングの率直な意見や感想を書き送ることは、カウンセラーとのコミュニケーションのひとつであり、よりよいカウンセリング環境をつくることにつながります。なお『ココロノマド』では、毎回カウンセリングの終了後に、カウンセラーやカウンセリングについての「評価」を書いてもらうことにしています。

カウンセリングと医療の連携

カウンセリングによって、相談者の悩みやストレスがすべて解消されるに越したことはありません。しかし相談者の中には、それだけでは楽にならない人もいます。そんな人に対しては、別の方法を併用することが必要になります。

アセスメントの段階で医師の介入が必要と判断したときには、なぜ医師が必要なのか、紹介する病院の特徴など、相談者が不安に感じることについて丁寧に説明します。そして、カウンセリングよりも病院での治療のほうが効果的な介入であることも伝えます。こうしたカウンセラーの行為は、相談者から逃げ出すのではなく、むしろ本人のことを考えた勇気ある行動だといえます。

『ココロノマド』の場合、垣渕洋一先生から、相談者への対処について精神科医としてのアドバイスをもらい、カウンセラーによる解決が難しいようであれば、まず自宅の近くにある通いなれた病院の精神科、またはクリニックに行ってもらうようにします。また、どこの病院に行けばよいか見当がつかない場合には垣渕先生を紹介し、遠距離などの理由で通院が難しい場合にはさらに別の病院を紹介してもらうようにしています。オンライン・メンタルヘルスケアを展開するうえで、信頼できる精神科医や病院を確保しておくのは保険のようなものであり、とても重要なことです。

「自分は精神科になんか行きたくないし、薬も飲みたくない」という相談者は多いものです。でも、眠れなかったり、食べ物がのどを通らなかったりという状態が続くと、内臓機能まで低下してしまいます。そうなれば栄養剤を点滴するなどの現実的な処置が必要になり、その意味では、根本的要因の治療として早急に精神科医の診察を仰ぐことが、二次的に作用する心身の不調をくいとめる結果につながるのです。

私たちのサイトの場合、精神科での治療を勧めた人のほとんどは、そのアドバイスを受け入れて実際に病院に行っていますが、中にはどうしても行くのがイヤだという相談者がいて、その時点で関係が終わってしまうこともありました。

それはとても残念なことですが、病院に行くようにアドバイスするのは、それがその人にとってベストだと確信していたとしても、それを受け入れるかどうかは、やはり相談者次第なのです。

医療スタッフとの共存・共生

カウンセラーができること、医師ができること、そして両者の役割の違いを正しく伝えることもカウンセラーの大切な仕事です。また、対面式カウンセリングを受けている相談者に対して、そのフォローとして経過管理をするためにＷｅｂカウンセリングを使うこともありますし、オンライン・メンタルヘルスケアと精神科による治療の併用というケースもあります。

たとえば、うつ病の症状が進んでしまって、薬をもう10年間も飲み続けている人がいたとします。精神科に行くのは１週間か10日に一度。そのあいだはとても不安で、「誰か話し相手や心の支えになってくれる人がほしい」といったケースでは、精神科の医師のＯＫをもらったうえで、Ｗｅｂカウンセリングを受けるのは有効です。医師の了解を得るのは、治療方針とカウンセリングの方針が食い違ってトラブルが生じるのを避ける狙いがあります。

これには、病院側から患者さんに、「オンライン・メンタルヘルスケアとの併用で治療してみてはどうですか」と提案する場合もあれば、逆にカウンセラーから病院を紹介することもあります。

精神科以外の医療スタッフとの連携の例としては、ガンの患者さんへの対処があります。

実際に相談があるのは、初期のステージにいる人、もしくは手術をして治る可能性のある人が多く、「医者には治ると言われたけれど不安だ」とか、「再発するんじゃないかと心配で」といった相談が寄せられます。

死を宣告された患者さんになると、「死ぬのが怖い」あるいは「死ぬとはどういうことなのか知りたい」という相談が来ます。そんな患者さんに対しては、Ｗｅｂだけでなく対面式のカウンセリングも勧めていて、ときには私が担当することもあります。

それは、以前、私がＵＣＬＡのガンセンターで、ガン患者のカウンセリングで高い評価を得ているデビッド・ウェリッシュ博士のもとで研修を行い、ガン患者とその家族の心のケアに携わった経験があるからです。

ガン患者のカウンセリングには、ガンや薬の作用、心についての専門知識が必要になります。

現在、日本ではガン専門のカウンセラーが医師や看護師と一緒に、在宅で死を迎えようとしている人たちに対し、生物学的ケアだけでなく、心理面での介入も行っています。こうした医

わが国の疾患別受療率トップ10

	40代		50代		60代	
	男性	女性	男性	女性	男性	女性
1	統合失調症、統合失調症型障害及び妄想性障害		統合失調症、統合失調症型障害及び妄想性障害		統合失調症、統合失調症型障害及び妄想性障害	
2	悪性新生物全体		悪性新生物全体		悪性新生物全体	脳血管疾患
3	骨折	気分［感情］障害（躁うつ病を含む）	脳血管疾患		脳血管疾患	悪性新生物全体
4	脳血管疾患		骨折		心疾患（高血圧性のものを除く）	骨折
5	脊柱障害	骨折	糖尿病	気分［感情］障害（躁うつ病を含む）	糖尿病	
6	糖尿病	脊柱障害	心疾患（高血圧性のものを除く）	糖尿病	骨折	気分［感情］障害（躁うつ病を含む）
7	気分［感情］障害（躁うつ病を含む）	糸球体疾患、腎尿細管間疾患及び腎不全	脊柱障害		胃の悪性新生物	心疾患（高血圧性のものを除く）
8	肝疾患	糖尿病	肝疾患	糸球体疾患、腎尿細管間疾患及び腎不全	虚血性心疾患	脊柱障害
9	心疾患（高血圧性のものを除く）	胃の悪性新生物	気分［感情］障害（躁うつ病を含む）	心疾患（高血圧性のものを除く）	気管、気管支及び肺の悪性新生物	糸球体疾患、腎尿細管間疾患及び腎不全
10	胃潰瘍及び十二指腸潰瘍	関節症	胃の悪性新生物	関節症	肝疾患	関節症

出典：1999年　厚生労働省「患者調査」

療スタッフと共存する形の対面式カウンセリングへの引き継ぎというのも、徐々に行われつつあります。

最後には私たちがいます

前のページに掲げた表は、わが国の40代から60代の男女がどんな病気で病院の治療を受けているのかをランキングしたものです。どの世代でも、男女ともに「心の病」がトップを占めていることがわかります。これほど多くの人が心の悩みを抱え、実際に治療を受けているのです。

私は、オンライン・メンタルヘルスケアがすべての解決策を提供できるとは考えていません。オンライン・メンタルヘルスケアのサイトは、相談者とカウンセラーの「心の窓」であり、心に新鮮な風を行き交わせるには、実際に触れ合える人間の手も必要になります。精神科医や心療内科、かかりつけ医、在宅の看護師など、さまざまな分野のスペシャリストと連携することが大切なのです。そのとき、カウンセラーは、相談者と医療機関などとの「架け橋」の役目も果たすことになります。

カウンセリングは、相談者が我慢したり、悩みを抱え込んだりせず、できるだけ楽な状況を保てるようお手伝いすることです。その最初のバリアを取り除くのに、やはりオンライン・メンタルヘルスケアは最適だと思います。そして、文章をやりとりするＷｅｂカウンセリングであっても、いざというときには言葉以外の手段でも介入できること、手を伸ばせばサポート部隊がいることを知ってもらい、相談者から少しでも不安を取り除くお手伝いがしたいのです。『ココロノマド』では、「最後には私たちがいます」と言い切ることができます。「私が」ではなく「私たち」。なぜなら、それぞれの関連スタッフがミッション（使命、役割）をもって働き、必要があるときには他の専門家の助けを借りてでも、相談者と真剣に向かい合いたい、そう考えているからです。

カウンセリングの前に人間ドック

心の不調というのは、周囲の人との関係が原因であることが多いのですが、ときには自分の身体の不調に、心のバランスを崩すもとがあることもあります。身体の病気が精神疾患につながるケースです。

オンライン・メンタルヘルスケアを展開する際には、相談者について、心だけでなく、身体についても注意を払う必要があります。そこで頼りになるのが「初期健康診断」、いわゆる人間ドックです。

じつは『ココロノマド』では、アセスメントの段階で、相談者の症状が身体状態によるものだと判断したときには、カウンセラーは精神科よりも人間ドックを紹介することのほうが多いのです。眠れない、肩こりがひどい、ちょっと気分が落ち込むという場合、もしかしたら身体のどこかに異常があるかもしれないからです。

人間ドックの結果、身体に異常がなければ、その診断を下した医師と相談したうえで、オンラインだけでいいのか、あるいは精神科医が必要なのかを判断します。カウンセリングを受けようとしている人というのは、精神科にかかることに抵抗はあっても、身体の中を検査してもらうことにはさほど苦痛は感じないようです。そのため「まず身体を診てもらってください」とアドバイスすると、たいていは素直に受け入れてくれます。

こんな話があります。ある男性は、気持ちがとても落ち込んでいて、うつのような症状が見られました。食欲もなくなり、精神科医にかかったものの、いっこうに良くならないどころか症状はかえって悪くなってしまい、カウンセリングを受けてみることにしました。

カウンセラーは、最初にこう尋ねました。

「あなたは、最近、総合健康診断を受けましたか？」

「いえ、受けていません」

「じゃあ、人間ドックに入ってみたらどうですか」

検査の結果は……甲状腺にガンが見つかったのでした。

あるいはこんなケースもあります。

食欲がないという女の子がいて、拒食症の症状が見られました。心療内科で薬をもらって飲んでみたものの治りません。そのうちどんどん気分が悪くなって全身がだるくて動けなくなり、睡眠薬の量も増えていきました。

カウンセラーが、健康診断を受けたのかと尋ねるとまだだといいます。そこで、やはり人間ドックに入って頭部のＭＲＩを撮影したところ、脳の食欲中枢の横に腫瘍が見つかった……。

これからわかるのは、カウンセリングにおいては、精神科医や心療内科と連携するだけでは十分とはいえないということです。人間ドックなどで身体をしっかり調べ、異常がないとわかったとき初めて、心の問題だといえるのです。

身体に問題があるのに、心だけ治療しようとしてもいっこうに治らず、その状態を引きずってしまったら、カウンセラーは大きな責任を感じるに違いありません。ですから私たちのサイトでは、相談者にはまず「6カ月以内に健康診断を受けましたか?」と聞き、まだであれば必ず健康診断を受けるように勧めています。

『ココロノマド』も、高度な技術と検査機器を有するクリニックと提携しています。私たちが提携している医師のひとり、佐藤俊彦先生は、「宇都宮セントラルクリニック」の院長と画像診断センター長を務める「放射線専門医」です。放射線専門医は、日本で3000人しかいないといわれ、MRIやCT、PETなどの画像を見て診断を下すスペシャリストです。

佐藤先生は、「EBM(エビデンスト・ベースト・メディスン)=客観的な根拠にもとづいた医療」をモットーに、画像診断によって臨床医をサポートしています。

また、インターネットを利用して受信した画像を読解してその見解を返送するという「遠隔画像診断」のネットワークシステムをつくり、全国のクリニックや病院などとの連携も進めています。

病気の中には、ＭＲＩでは早期の症状を見つけにくいものもあります。その点、佐藤先生の病院では、脳や心臓、さらに発病前のごく小さなガンも発見できる「ＰＥＴ装置」（ポジトロン断層撮影法）による検診が受けられるため、ストレスを感じているのに「自分だけは大丈夫」という自信家の身体の問題点を探るのにはとても効果があります。

佐藤先生から『ココロノマド』に患者さんを紹介されたこともあります。

その女性は「歯ぐきの奥に空洞がある」と訴えて歯科医に行ったものの、別に異常は見つかりませんでした。でも彼女は、「息がスースー通ってしまうのは、絶対歯ぐきの奥に大きな穴が空いているからなんです」といって納得しません。そこで歯科医は佐藤先生を紹介しました。佐藤先生が検査をしたところ、やはり結果は同じでした。「空洞はないですよ」という先生の言葉に安心したものの、その女性は「それでも違和感が消えないんです」といいます。そこで、『ココロノマド』で数回のカウンセリングを行った結果、夫婦間のトラブルがあったときに違和感が生じていることがわかりました。その後、その女性は、ご主人とおたがいに本音をぶつけあう気持ちになったときに我慢しないようにしたところ、違和感がなくなったそうです。

人間ドックというのは、会社で働いている人には身近なものかもしれませんが、主婦にとっては、よほど自分から積極的に受けないかぎり、ほとんど受ける機会がありません。引きこもりがちな人であればなおさらです。そういう人たちには、人間ドックの重要性を説明したうえで、検診が受けられる病院のリストを見せて、「あなたの家の近くにも病院があります。人間ドックを受けてみたらどうですか」とアドバイスします。

また、病気とはいえないまでも、身体の不調から精神的につらい状態に陥るケースは多いものです。たとえば、ひどい肩こりや頭痛が原因で落ち込む人も少なくありません。しかし、その肩こりも、高血圧が原因であることがあります。なんだか目の奥が痛いと思っていたら、じつはそれが脳血栓の症状だったという例もあります。

職場で目が痛いと訴えても、「疲れだろう」「自律神経じゃないか」という一言ですまされてしまうことも多いようです。しかし、そうした症状は身体に何か異常が起きていることを示す重要なサインかもしれません。ですから、カウンセリングでは、身体に関するどんな小さな不調でも、相談者にはすぐに病院で診てもらうよう勧めることが重要です。

働く人にも有効なWebカウンセリング

この本の最初でも述べたように、現代人が抱える悩みやストレスというのは、仕事や職場の人間関係が原因になることが多いものです。社員の多くがそんな状態では、お客様のニーズに十分に応えられないでしょうし、企業としての成長も望めません。そう考えると、働く人に対してカウンセリングをするのは会社のためだけでなく、社会の安定にもつながるといえます。

企業で働く人の多くは男性であり、その多くは一家の主として家庭を支えています。夫である男性の心身の状態は、家庭内に何らかの影響を与えるのは必至です。ご主人にストレスがなければ、奥さんに八つ当たりすることもありません。奥さんも、ご主人との関係が良好であれば、しっかりと子どもを育てることができます。職場でのカウンセリングは家庭円満の秘訣でもあります。

オンライン・メンタルヘルスケアは、会社内におけるカウンセリングに大きな威力を発揮します。

オンライン・メンタルヘルスケアなら、周囲にわからないように相談ができます。悩みやストレスを抱える人の中には、面談も電話もダメだけれど、メールでなら気持ちを打ち明けることができるという人が多くいます。そういう人には、Webカウンセリングが有効です。

いまではほとんどの企業で社員が各自パソコンをもっているため、オンライン・メンタルヘルスケアを受ける環境は整っているはずです。気持ちはモヤモヤしているのに、忙しくてカウンセリンググルームに通う時間がないというビジネスマンにも、Webカウンセリングならぴったりです。

また、「いつもの自分と違う。どうしたんだろう」「自分は精神科に行ったほうがいいのか」という疑問をもっているのに、それをどこに尋ねればいいのかわからない人も、オンライン・メンタルヘルスケアのサイトになら、比較的気軽に疑問をぶつけることができるでしょう。

こうした社員に対するメンタルヘルスケアは、アメリカでは「EAP」（エンプロイー・アシスタンス・プログラム＝従業員援助プログラム）と呼ばれています。

EAPがアメリカ社会に広まった背景には、ベトナム戦争以降の混乱がありました。戦争による後遺症から麻薬依存やアルコール依存、うつ状態の人などが爆発的に増加。それが原因で企業の業績は不安定になり、ついには国の経済までもが不安定になってしまったのです。

その状態に危機感を覚えた当時のレーガン大統領は、1984年、医療改革を断行します。それまではごく限られた団体でしか行われていなかったEAPを各企業がもっと積極的に取り入れるべきだと訴えたのです。労働者一人ひとりが心の不調を解決して一歩前に進むことができたなら、企業ひいては国も元気になるはずだと考えたのでした。

これをきっかけに、アメリカ社会にEAPが一気に広がりました。アメリカの経済誌『フォーチュン』が1997年に選んだ「国内優良企業ベスト500社」のうち、じつに95パーセントの企業が導入しているほど、EAPは社会に深く浸透しています。会社が精神科医や心理カウンセラーを雇い、社員の心のケアをするのはアメリカでは当たり前のことなのです。

じつは日本でも、同じような試みが、あることはあったのです。1988年、労働安全衛生法の改正を受けて、事業場における労働者の健康保持増進のための指針「トータルヘルスプロモーション」が発表され、いくつかの達成項目が設けられました。その中に、社員50人以上の企業は産業医や心理相談員（カウンセラー）、栄養士など複数の専門家を置くべきだという指示も含まれていました。ただし、それを満たしていないとしても罰則規定がないため、企業が実行しなかったのです。

産業医にしても、日本では名ばかりのものが多く、顧問契約を結んだ開業医が１カ月のうち数時間待機しているだけで、社員の知らないうちに来て知らないうちに帰っていくところが多いようです。オフィスまでやってきて、従業員と積極的にコミュニケーションをとって信頼関係を築き、ＥＡＰの実践に腐心するアクティブなアメリカの産業医とは大違いです。

それでも明るい材料はあります。２０００年の夏、厚生労働省から「心の健康づくり」という新たな指標が出されたことで、企業の従業員のメンタルヘルスケア対策に新たな動きが出てきています。

自殺者が増え、自殺が労働災害に認定されるようになったことの影響もあります。また、うつの人が仕事によって症状がひどくなった場合にも、労災と認められるような基準も整備されつつあります。このように日本も確実に変わってきてはいるのです。

とはいえ、日本にはこの国特有の企業体質や各企業の社風があって、ときにはそれが働く人の悩みを大きくしてしまうことがあります。やはり日本では、いまだに心のケアというのは特別なもので、精神科医にかかるにしても周囲の視線が気になるのが現状であり、それも症状を悪化させる一因になっています。それに、業績がよくない企業はカウンセラーを雇う費用を捻出できないなど、悩めるビジネスマンを取り巻く現状は厳しいのですが、日本の企業にも本格的なＥＡＰが必要であることは間違いありません。

そこで私たちは、自社の従業員のメンタルヘルスケアを行いたいという企業のために、一般向けのＷｅｂカウンセリングシステムをつくり変え、ＥＡＰとしてのサービスをスタートさせました。

これは、『ココロノマド』のシステムを企業ごとにカスタマイズし、ポータルコンテンツ（入口）をその企業のイントラネットに組み込むというものです。そこでは、『ココロノマド』のカウンセラーのほか、企業の所在地に合わせて地元のカウンセラーの登録も行っています。それは、その土地特有の風土を理解していることや、対面式への切り替えもできること、病院との連携をスムーズに行えるなどのメリットがあるからです。

企業版『ココロノマド』の目標は、働く人の誰もが、いつでも気軽にカウンセリングが受けられるシステムをつくること。

日本にもＥＡＰの必要性を認める企業が出始めてはいるものの、そういう企業はまだまだ少数派であり、私たちカウンセラーがその必要性を訴える立場にあるのです。

部下にカウンセリングを受けさせるのも上司の仕事

企業として社員のメンタルケアに本気で取り組むのであれば、社員が肩身の狭い思いをしてカウンセリングを受けるという雰囲気を変えなければなりません。

また、病気がよくなっても、カウンセリングに対する周囲の理解がないために仕事に戻りづらくなってまた休職したり、カウンセリングを受けたことで査定が下がって異動させられたりするようでは、やはり社員の意識の中にカウンセリングは浸透しません。

そのためには、トップから新入社員まで、すべての社員に対してカウンセリングの効果と役割についての啓発を徹底し、働く人間にカウンセリングが有効であることを理解してもらう必要があります。

私たちは、ＥＡＰによるオンラインでのカウンセリングを採用した企業には、まず役員にカウンセリングを受けてもらうことにしています。さらに新入社員研修、専任者研修、部課長研修といった場でも、カウンセリングを勉強していただきます。そこでは、部下にカウンセリングを受けさせることも、また、上司自らも心のバランス調整のためにカウンセリングを受ける必要があることも、企業のリスクマネジメントの一環であることを説明し、自身の心のケアを重要視するような社風をつくり上げるという、新たな〝ミッション（仕事）〟として意識してもらうようにしています。

これまでは、部下が精神的につらそうだったり、やる気をなくしてしまったりした場合には、上司は「呑みに行くか。話を聞くぞ」と声をかけるのが日本的なアプローチでした。

私の講演に足を運んでくださった人の中には、「それが日本の文化だ。カウンセリングはそれを否定するのか」といった人もいますが、そもそも家庭や自分自身の心の悩みを上司に相談できるはずがありません。

やはり人間には触れられたくないことがあります。悩みの原因がその上司本人の場合や、上司を困らせたくないという配慮、さらに仕事や査定にどう響くかわからないといった心配が、相談しようとする部下にブレーキをかけます。

また、疲れている上司に対して、部下が「仕事に嫌気がさしてきました。僕はもう体力も気力もボロボロです」と相談することなどできないでしょう。

部課長クラスの管理職にしても、疲れていることに変わりはありません。逆に部下には弱い部分を見せたくないという気持ちが働いて、無理な相談に乗って自分を追いつめることもあります。

部下が悩んでいる場合、上司が悩みを一緒に解決する心構えをもち、その気持ちが部下に伝わることは大事です。しかし、実際のケアは専門家であるカウンセラーに引き継いでいただくほうが問題解決の早道です。

私は管理職の人たちにこんなお話をします。

「みなさんは、ストレスを抱えている部下の仕事の面を十分にフォローしてください。気持ちを聞いてあげようとする態度は必要ですが、それはあくまで専門家に伝えるための情報収集の一環と考えて、あなただけで解決しようと抱え込まないよう注意してください。心の問題は複雑で、悪化させてしまうケースも多いので、すべてEAPスタッフに早めにアウトソーシングしてください」

たとえ精神的に健康な人でも、突然自分の家族が亡くなったという連絡を受けたなら、ガクッと落ち込むでしょう。それは「Dレンジ」と呼ばれ、アルコール依存を15年続けた人が到達する気持ちの落ち込みと同レベルのストレスなのです。

何度もいうように、何がストレスの引き金になるのかは、人それぞれです。

社員が何かのきっかけで落ち込み、仕事ができなくなってしまったときの対応策として、あるいは徐々に落ち込んでいく社員への早期対応のため、そして、心や身体の不調が出る前に本人や組織が予防できる環境をつくるために、企業には職場復帰のサポートやキャリア相談を受け持つメンタルヘルスケアというセイフティネットが必要なのです。

上司がカウンセリングを受けていれば、部下も受けやすくなります。

また、部下の側から、がんばりすぎる上司にカウンセリングを勧めることもできるようになります。

かつて、ある企業でこんなことがありました。

ある課長さんは、1週間に徹夜を3回もして仕事をしていました。周囲は「がんばるなあ」と思って見ていたら、あるとき心筋梗塞の発作を起こしました。幸い大事には至らなかったのですが、復帰してきた課長に部下たちが、「カウンセリングを受けて、ジョブマネジメントしたほうがいいですよ」とアドバイスしたのです。

過労や過重な残業というのは、会社のジョブフローや本人の仕事に対する向き合い方を根本的に考え直さないかぎり解決しません。

それに気づくきっかけを与えるのが、カウンセラーの役割です。その課長は、仕事をしながらWebカウンセリングを受けることで病気の再発を防ぐことができました。心の病というのは、体力や能力に自信満々で「自分だけは絶対に大丈夫だ」という人こそ危ないものですが、カウンセリングはそういう人をサポートすることができるのです。

会社の中でのカウンセリングには、もっと大きなメリットがあります。

カウンセリングが浸透すれば、社員の間にはおたがいの考え方や仕事の進め方を理解できるゆとりが生まれるようになります。問題がもち上がったときにも一丸となって解決策を見出すこともできるようになるでしょう。そうなれば、おたがいの信頼感が強まり、人間関係もスムーズになって、会社の業績が右肩上がりに転じるはずです。

企業内カウンセリングの先進例

企業版『ココロノマド』では、社員がカウンセリングを受けたいときには、職場のイントラネットのサーバー（ポータルコンテンツを設置）を介して、直接、インターネットの企業版『ココロノマド』サイトにアクセスします。会社はサーバーを管理しますが、オンライン上のやりとりにはタッチしませんし、誰が相談したかもわからないようになっています。こちらから会社に対してその月の利用者数を報告しますが、それはあくまで参考にしてもらうだけ。費用については会社が全額を負担します。

オンライン・メンタルヘルスケア導入後の利用率は、従業員約５００人ほどの会社で、平均して月にのべ15人から20人くらいがＷｅｂと対面によるカウンセリングを受けています。

企業の場合にも、アセスメントのあと3往復のトランザクション（やりとり）が基本です。それにかける時間はさまざまで、３カ月かけて3往復のやりとりをする人もいれば、１週間で終わってしまう人もいます。

カウンセリングを受けているのは、外に出ることの多い営業マンよりも、デスクワークがメインの職種の方が多いという傾向があります。その理由も「精神的につらいから」というだけではありません。社内でカウンセリングの啓発運動を徹底したことで、「仕事が多すぎて頭が回らない」「いいアイディアが出ないから」「考えが煮詰まったから」といった息抜きのように訪れてくるのです。

カウンセリングを受けることで、混乱してしまった頭の中をいつもの自分に戻すことができます。それは、普通の人と話をしたり、相談したりすることでも可能でしょうが、専門家であるカウンセラーが相手なら、より効率的に気持ちを楽にでき、時間の節約にもなるのです。

社内の研修会で、なぜカウンセリングが必要なのかを訴えた結果、研修を受けた部長さん自身が利用したり、上司にカウンセリングを受けてみたらといわれた社員から申し込みがあったりなど、かなりの反響がありました。

私が「スーパー人事部長」と呼んでいる北陸に本社を置くM社のM人事部長は、社内でのメンタルヘルスケアにとても理解のある方です。普通、人事部というのは何も生み出さない「非生産部門」と思われがちですが、Mさんは違います。あくまで人事部を生産部門としてとらえ、

「社員の心の病気を早く発見してケアすることが、会社に利益をもたらす」と考えているのです。そのためMさんは、具合が悪くなった社員のケアだけでなく、そうならないための予防にもとても熱心です。

たとえば新入社員に対しては、現場での職務トレーニングの後、フォローアップ研修として、ストレスがたまってきた時期に「ストレス対策セミナー」を受講させています。心が「ちょっと変だな」と感じるのがＳＯＳで、そんなときは頭と身体を休ませなくてはいけない。カウンセリングを受けることは時間の無駄ではなく、仕事をスムーズに進めるうえで必要不可欠なこと、といった意識をうえつけています。

また、役職ごとに内容を少しずつ変えたストレス対策セミナーを行い、自身のメンタルヘルスケアのほか、ストレスを抱えた部下や、ときには上司に対してどう接すればよいか、といったアドバイスを提供することもあります。

ほかにも、イントラネット上の「お知らせ掲示板」で、Ｗｅｂカウンセリングの意味やその利用規定などの情報を積極的に提供したり、体の疲れや、こりを訴える社員をマッサージする「ヘルスキーパー」と呼ばれる専門家を置き、ヘルスキーパーとカウンセラーとをおたがいに連携させて、心と身体のストレスをトータルでサポートしています。Mさんを「スーパー人事部長」と呼ぶのも、「むべなるかな」です。

企業へのオンライン・メンタルヘルスケアでは、実際にやりとりするのは就業時間中と決めています。社内のイントラネットからでないと、利用できない仕組みにしているのです。これは、「SOSを感じたなら仕事中に解決しなさい。社員の悩みは会社が解決すべきもの、家にまで悩みを持ち込んではいけない」という理由からです。

会社が契約しているのだから、仕事中に利用して当然。そういう雰囲気があれば、社員も気楽にカウンセリングを受けられるはずです。

それでも自分のデスクでカウンセリングを受けるのが気になるという社員のために、M社では、オンライン・メンタルヘルスケア用のPCを設置したカウンセリングルームも用意されています。そこまで理解のある会社はめったに見かけません。とても素晴らしい会社だと思いますし、数年後には大きな利益となって還元されることは間違いない、と私は思っています。

このように啓発活動の徹底と、イントラネットなどの情報インフラを整備する環境改善を組み合わせることで、企業内カウンセリングは日本でもきっと盛んになるはずです。

ただ、M社のような先を見通せる経営者、またその意志を体現できる管理職、そうした考え方を実践できる人材が増えないかぎり、企業におけるメンタルヘルスケア対策はなかなか進まないのも事実です。

第3章のポイント

・オンライン・メンタルヘルスケアでは「情緒」「情報」の両面から相談者を支援する。
・オンラインでのカウンセリングでは、サイト側はセキュリティに細心の注意を払う必要があり、相談者は自己責任においてさまざまな選択をすることが求められる。
・相談者にとって、アセスメントは自分に合ったカウンセラーを見つけるための大事な作業である。
・相談者は、上手な文章を書く必要はなく、自分の感じていることや考えを素直に書き、自分の希望があればカウンセラーに伝える。
・オンラインだけで相談者の悩みや症状が改善しない場合、他の医療機関や専門家に引き継ぐこともある。

・身体の不調を訴える相談者には、人間ドックも有効である。
・オンライン・メンタルヘルスケアは、多忙なビジネスマンの頭の中を整理するのにも大きな効果がある。

❹「オンライン・メンタルヘルスケアに出会うまで」

キャンプカウンセラーへの憧れ

私がカウンセラーになろうと思ったのは、ある女性との遭遇が原体験になっています。

高校1年生のとき、私はアメリカでサマーキャンプに参加しました。それは、英語弁論大会で東京都代表に選ばれたことへの両親からのご褒美《ほうび》でした。

サマーキャンプでは、子どもたちは乗馬や水上スキーといった課題を与えられ、1カ月でマスターするようにプログラムが組まれていました。ところが、キャンプが始まってすぐに、私は日本に帰りたくなってしまいました。水上スキーをするのが生まれて初めてで、とにかく水が怖かったのです。

「どうしよう、できないよ」

私が泣きべそをかいていると、ふっくらとした体型の女性が近寄ってきました。

私は英語で日常会話はできたものの、そのときの精神状態は最悪で、口をついて出てくるのは日本語ばかり。彼女も日本語を理解できないので、コミュニケーションのとりようがありません。すると突然、彼女は私の泣きマネを始めました。

おそらく私は日本語で、「怖い、何もできない」というようなことを口走っていたと思うのですが、彼女は泣きマネをしながら私の言葉をなぞるように繰り返しました。そんな彼女にびっくりして、私は泣くのを忘れてしまいました。

いま思えば、彼女が使ったのは「オウム返し」というカウンセリング・テクニックのひとつでしたが、当時は、何てこの人は私の気持ちを理解してくれるのだろう、と感動していました。

彼女は、「キャンプカウンセラー」という心理学の専門家でした。私のように課題がこなせずホームシックにかかったり落ち込んだりしている子どもがいると、そばにやって来てコミュニケーションをとり、やる気を起こさせ、サマーキャンプから落伍者を出さないようにするのが彼女の役目だったのです。

彼女の仕種と発した言葉を聞いて、私は冷静さを取り戻し、さらには「せっかく親が与えてくれた時間なのだから大切にしよう」と思い直すことができたのです。

彼女が発した「日本語のようなもの」は、私にとって新鮮な驚きでした。ただ私の声をなぞっただけなのに、まるでもうひとりの自分がそこにいるように感じ、温かな気持ちになって冷静さを取り戻せたのです。しかも、その後も、彼女はそばにいるだけで私に安心感を与え続けてくれました。

彼女は立派に役目を果たしました。そのサマーキャンプでは、ひとりの落伍者も出なかったのです。

日本では、カウンセラーというと、いつも部屋の中に座っていて、しかつめらしい顔をした学者タイプを想像します。カウンセリングルームも駆け込み寺のようなイメージがあります。でも、本当は相談者と同じ目線で、同じ目的に向かって活動することがカウンセラーの役目なのです。

彼女は私にとって忘れられない存在になりました。そして、それはすぐに憧れに変わりました。

「ああ、私はこの人になりたい」

カウンセラーになりたいというよりも、彼女そのものになりたいと思ったのです。

それが、私がカウンセラーという職業を初めて意識した瞬間でした。

父の病気を理解したい

もうひとつ、私がカウンセラーを目指す決心をした理由に、父の存在があります。

若い頃をブラジルで過ごした父は、祖父の会社を継ぐために帰国。そして母と結婚し、やがて私が生まれました。

しかし、まもなく日本をオイルショックが襲います。それをきっかけに会社の経営は不安定になり、父自身もうつ症状に……。やがて「統合失調症」（かつては『精神分裂病』と呼ばれていました）へと移行するのですが、本人は「俺は大丈夫だ」と主張しました。丸くむくんだ顔と、だるそうな身体の動きは家族として見ていられないものでした。

やがて、父が自分の感情をコントロールできなくなったとき、祖父が入院の手続きをとります。精神科に入院する日、暴れる父の腕に医師が注射針を刺した瞬間を、私は忘れることができません。

それから現在まで30年以上、父は入退院を繰り返しています。そのほとんどが家族が精神科医に申し立てての入院です。

日中はごろごろするばかり。夜中はずっと起きているので一緒にいる母も疲れます。それでやむなく入院させるものの、病院にいるのは長くて6カ月、短いときで3カ月。退院するとき、病院の先生はきまって「まあ大丈夫でしょう」というものの、自宅に帰ってきた父を見ると、入院したときと何ら変わりがありません。症状こそ落ち着いてはいるものの、気力のなさや気だるそうな態度、話し方はそのままです。そして、またひどくなると入院……。

私は精神科医を敵対視しているわけではありません。薬のありがたさはわかります。ひと粒の薬で、父の不安定な行動が止まるのを目の当たりにしてきたからです。でも、それも結局は西洋医学的な対症療法で、身体の機能をストップさせているだけというのが現実です。

ときおり母から、「お父さん、また薬を飲んでないみたい。どうしよう。最近、ボーッとして何か変なことを言い出してるし……」という相談を受けるたびに、私は「薬以外に治す方法はないのかな」と悩んだものです。

あの頃、もっと身近に父の話に耳を傾けてくれる人がいたなら。父が自分の体調について、自分自身で目を向けられるようなきっかけがあったなら。もっと初期に病院に行ける環境があったなら……父の症状もここまでひどくはならなかったのではないかと思うのです。

家族としての苦しみもありました。

母と私は、父を入院させる、させないで常にバトルを繰り返していました。

母は、病院では自宅でするような手厚い介護が難しいことを知り、入院させることに罪悪感を持ち続けていました。私は、母がギリギリのところまで我慢している姿を見るのはしのびなかったため、母のためにも父の治療のためにも入院を勧めました。母からは、「親を精神科に入院させるなんて、あんたは冷たい」と幾度となく罵《ののし》られました。

のちに私が心理学を勉強し、介護者のストレスについて理解するようになると、まずは母に休養をとらせることが第一と思い、父の入院を必死で勧めるようになりました。介護者が本人と元気に向き合えれば、きっと明るい未来がつくれると信じて……。

やがて私は、キャンプカウンセラーの彼女になりたい、という思いから、

「父や父と同じ病気で苦しんでいる人を何とかしてあげたい。家族が気軽に相談できるところもつくりたい。そのためには、カウンセリングをもっと身近なものにしないといけない」

そう考えるようになったのです。

カウンセリング先進国アメリカでの勉強

１９７０年代に創刊され、アメリカの最先端の心理学に関する話題を紹介している『サイコロジー・トゥデイ』という雑誌がありました。キャンプカウンセラーの彼女に触発され、私はそれを16歳の頃から取り寄せて購読し始めます。

私はすぐに〝サイコロジー・オタク〟になりました。そして、心理学にもいろいろな技法があることを知ったのですが、技法そのものにはあまり興味がありませんでした。いちばん興味があったのは、やはりキャンプカウンセラーの彼女。彼女そのものになりたかったのです。

彼女の子どもへの接し方を思い起こしたとき、その原点がコミュニケーションにあることに気づくと、「コミュニケーション学」というものに強い興味が湧いてきました。

また英語弁論大会での経験から、自分の意思を伝えるには、特殊なコミュニケーション技法が必要だと痛感していました。だから、コミュニケーションを研究する学問もきっとあるはずだと考えました。最初は書店に行って、コミュニケーションに関係のありそうな本を探し、独学で勉強しました。

やがて私の頭にある考えが浮かびます。

「コミュニケーションの専門家といえば弁護士だ。弁護士は、被害者や犯罪者の気持ちを言葉に換えて法の裁きにのせる。よし、弁護士になろう」

多感な年頃だったのでしょう。そう思い立った私は大学の法学部に進もうと受験勉強を始めます。このときも母は、「小学校から短大まで一貫教育の学校に入れたのに、なぜ他の大学に行くの」と理解できないようすでした。短大には法学部などありません。でも母の気持ちもわかる。腕試しのつもりもあって母校の短大を一般受験して、合格通知だけは受けとっていました。けれど大学受験のほうはあえなく失敗。母を悲しませたくなくて、受かっていた短大に入学しました。

短大では、「異文化コミュニケーション」を専攻しました。アメリカでも勉強したい気持ちの強かった私には、それがとても重要なものに思えたのです。

短大在学中に、不登校の子どもの家庭教師をしながらカウンセリングもするというアルバイトがあって、私はその仕事にのめりこみました。そして、アメリカでカウンセリングの勉強をしようと決意しました。

その決心を打ち明けると、母から「精神科でもお父さんを治しきれないのに、カウンセラーなんかになってどうするの」と猛反対を受けました。カウンセラーという言葉もいまよりさらに知られていなかった頃のことです。

また、その頃の父は、母や私の姿が見えないと、すぐに「どこへ行った！」と騒ぎ出して、精神的に不安定な状態になっていたため、母は私がすこしの間でも家を空けることに反対でした。ましてや海外などとんでもないというのです。

それでも、父のような人を何とかしたい、さらには日本のメンタルヘルスケアの環境を変えたいという気持ちが強かった私は、最後には母の反対を押し切ってアメリカに渡りました。

アメリカではまず、教会のカウンセリングに参加しました。牧師さんはそれぞれがコミュニティをもっていて、その住民を対象にグループセラピーをします。

アメリカのすぐれたカウンセラーには牧師出身者が多いのですが、それは、アメリカのカウンセリングが教会での「懺悔《ざんげ》」の行為から広まったためです。そのほかにも私は、カウンセリングのさまざまな方法を知るために各地の病院を訪問したり、個人開業している心理学博士のもとで学んだりもしました。

そうしてカウンセリングについて学ぶうち、私はアメリカという国が、まぎれもない「カウンセリング先進国」であることを実感するようになります。

とりわけ〝働く人の心の健康〟には、大きな関心が払われていました。

心の問題は目に見えません。そのため日本では、ストレスや悩みというのは個々人の観念的な問題だと受けとめられがちです。そんな日本とは対照的に、アメリカでは企業にカウンセラーがいるのが当たり前。社員の心のケアは会社の業績を左右するほど重要なものであり、その根拠となる体系化された理論が完成していたのでした。

もうひとつ、アメリカに行って気づいたことがあります。私が出かける先々で、会う人会う人から「顔色が悪いね」「大丈夫かい？」と声をかけられました。部屋に帰って鏡を見てみると、たしかに青白い顔をしています。白人の人たちよりも顔が白いのです。

物心ついたときから病で苦しむ父の姿を見ていたことと、父の介護に疲れを感じていた母に何もしてあげられないもどかしさとで、私自身も疲れきっていたのでしょう。心も病んでいたと思います。まず自分自身に「癒し」が必要だと思い知らされたのです。

カウンセリングを勉強する過程で、介護で苦労している家族の姿に母と私の姿を重ね合わせることもたびたびありました。同時に、介護者のストレスを取り去ることの大切さを痛感したものです。

介護者が疲れたり、イライラしていると、介護されるほうに「自分が生きていると迷惑がかかる。生きていてはいけないんだ」と自殺願望が出てしまうことがあります（私の父もそうでした）。でも、介護者が元気であれば、介護を受ける側も心の安定を保つことができるのです。

「父を元気にするためには、まず私が元気にならなきゃいけないんだ」

私はそう確信しました。そして、母にもケアの必要があることも……。

アメリカでは、たくさんの人々から元気をいただきました。目指す方向を見出せたのも彼らのおかげです。

日本に帰国したときには、心身ともに癒されていました。そして、そんな私と接することで、父も母も以前よりかなり元気を取り戻せたように思います。あのまま日本にいたら、母と私は父の介護で共倒れしていたことでしょう。そして、父をいまのように在宅で介護し続けることはできなかったかもしれません。

私にとって、アメリカで出合ったカウンセリング心理学は、日常生活を楽々と、希望をもって送るうえでとても多くの示唆を与えてくれました。そして何より、治してあげるという考え方ではなく、まずは自分自身を癒し、そして患者本人に接し、その関係の中から元気をつくる過程があることを知ったのが大きな収穫でした。

渡米している期間、長く留守にしたことで、父と母を不安にさせてしまって申し訳なかったという気持ちがありますが、いまはきっと、父も母も私の行動の意味を理解してくれていると信じています。

「カウンセリングって何ですか？」

私が日本でまずスタートさせたのは、欧米で盛んに行われていた「働く人のメンタルヘルスケア」。働きすぎ、適切とはいえない人事、複雑な人間関係……。そうした仕事上のさまざまな理由からストレスをため込んでしまい、心を病んでいる人はたくさんいます。私の父の病気も、もとはといえば会社の経営が行きづまり、心身に負担がかかったことが原因でした。

そんな人たちを、カウンセリングによってサポートしたいと思ったのです。

そのために私がとった行動は、まず産業カウンセラーになるための勉強をして資格を取得することでした。ところが資格はとったものの、不思議なことに日本ではカウンセラーの就職口がほとんどないことがわかりました。その頃、病院で臨床心理士として働いている人も、所属は総務部や研究員であることが普通でした。「カウンセラーだけではダメだ。保健婦の資格もとりなさい」といわれるケースもありました。

一方、アメリカでは、カウンセラーの多くはプロバイダー（派遣会社）に所属しています。営業活動や課金にかかわる業務はすべてプロバイダーが担当してくれるため、カウンセラーはカウンセリングに集中できます。

また、大きな病院の中にあるカウンセリングルームには、医師や看護師がストレスによるリスクを回避するためにカウンセリングを受けにやってきます。それほどカウンセリングのシステムはしっかりと社会に根づいているのです。

しかし、当時日本にはそうしたプロバイダーなどありませんでした。

私は、仕方なく自分でプロフィールをつくって企業を回り、カウンセリングの必要性を訴えるとともに自分自身を売り込んで回ることにしたのです。

ある企業で身元を証明しなさいといわれ、プロフィールに自動車免許証のコピーを貼って大笑いされたこともあります。

企業の人事担当者に「カウンセリングを導入すれば、会社にはこれだけの経済効果がありま す」とアメリカのデータで訴えても、ほとんど相手にされません。電話でその必要性を説明しようとして、

「そんなこと、あなたに心配されたくありません」

「宗教の勧誘ならけっこうです」

そんなことも言われました。

やはり日本では、「カウンセリングを受けるのは恥ずかしいこと」という認識がまだまだ一般的でした。それでも私は、カウンセラーを必要とする人が大勢待っていると信じ、精力的に売り込み活動を続けました。

「カウンセリングって何ですか?」「産業カウンセラーって何をする人?」と尋ねる人には、

カウンセリングの歴史を紹介して、カウンセラーの果たす役割や技法をまとめた資料を渡して回りました。

いま思うと恥ずかしくなりますが、マスコミ電話帳に掲載されているさまざまなメディアに自分のプロフィールを送ったこともあります。

そのために、来る日も来る日も宛名書きを続けました。ワープロでは味気ない、心を伝えるにはやはり手書きでなければと思ったからです。それと並行して、少しでもメンタルヘルスケアに興味をもってくれたところには、相手にしつこいと思われるほど何度も通いました。

そんな折り、ゴルフ場のオーナーが興味を示してくださったのがきっかけになり、そのゴルフ場に住み込んで、プロゴルファーを目指す若者を相手にメンタルトレーニングをするという機会を得ることができました。

ゴルフ場には、企業の経営者たちもやってきます。彼ら経営者の中には、ゴルフの相談から始まって、最後には仕事上のメンタルヘルスケアに関する相談をしてくる人も少なからずおられました。

企業との顧問契約の可能性が見えてきたのはこの頃です。

オンライン・メンタルヘルスケアのスペシャリストがいた！

アメリカから帰国して半年後、私はカウンセリングを主業務とする株式会社「マックス・インターナショナル」を設立しました。

その営業活動のかたわら、定期的にアメリカに渡ってはカウンセリングや心理学に関する学会に参加し、最新の情報を吸収することに努めました。時代とともに、また生活の変化とともに刻々と変わるストレスに対応するためには、常にカウンセリングに関する情報をアップデートする必要があると痛感していたからです。

やがて私は、カウンセラーを派遣するプロバイダーの多くが「オンライン・メンタルヘルスケア」、つまりインターネットによるカウンセリングのシステムをもっていることを知ります。カウンセリングに行きたくても行けない環境にいる人たちと、どうやってコンタクトをとるのか。その難しさは私も感じていました。

最初は、学生時代のアルバイトで不登校の子どもと接したとき。また、開業後まもなく、E

メールを使ってカウンセリングをしたときにも苦労した経験があります。

そのときの相談者は、九州に住むAさんという男性でした。Aさんはひとり暮らし。失恋が原因で人間不信に陥り、人とコミュニケーションをとるのが苦痛になって、仕事と家の往復だけという生活を続けていました。仕事も職場に行くのが怖くなって休んでしまうこともあったようです。そうやって誰ともコミュニケーションをとれず、すべてにおいて自信がもてずに悩んでいたとき、たまたま私が出演していたテレビ番組を見て、「この先生だったら話してみてもいい」と感じ、何とか私と連絡をとろうとしていたそうです。

電話で話してみると、Aさんは九州から東京までカウンセリングを受けにきたいといいました。でも、Aさんは「外出恐怖症」のうえ「乗り物恐怖症」で、実際には不可能なことでした。私は、遠距離でAさんとコミュニケーションをとろうと考えました。その手段として、まず頭に浮かんだのは電話。しかし、私とAさんとでは生活の時間帯が違いました。Aさんは夜中に仕事をして、日中は寝ているという生活。一方の私は朝から夜にかけて仕事をしますから、電話でのカウンセリングは難しかったのです。

次に私が考えたのが、Eメールによるカウンセリングでした。幸いAさんもパソコンをもっています。インターネットも利用していました。メールであれば、Aさんは仕事から帰ってきてからメールをチェックできるし、私も朝方に返事を出せばコミュニケーションができるかなと考えたのです。

最初の頃は私も無我夢中でした。Aさんと何とかコミュニケーションをとって、近くの適切な専門家を紹介してあげたい一心だったのですが、続けるうちに弊害が出てきました。やがてAさんが「スティッキー」、日本語でいえば「離れられない状態」になってしまったのです。たとえば、私が返信すると数分後にはすぐに返事のメールが来る。それに対して私がすぐに返事を出さないと「遅い」といって気分を害してしまうのです。

そんなAさんに、私は思いきって対面式カウンセリングを提案してみました。東京に出てこないかと誘ったのです。

最初は渋っていたAさんも、カウンセリングを続けるうちに外に出る気持ちが芽生えたのでしょう、5月の連休を利用して上京するというメールが届きました。

約束の日、カウンセリングルームの扉を開けたAさんの顔にはすでに自信が満ち溢れていました。人との接触が怖かったAさんは、睡眠薬をのんで旅の大半を眠ってきたとはいえ、自分がひとりで九州から上京できたことに誇りをもち、これからの可能性に自信を取り戻したのでした。Ａさんにとっては、対面式カウンセリングを東京まで受けにくるという行為が、カウンセリングそのものよりもきっと大きな意味をもっていたのです。

けれど、当時の私のやり方は、オンライン・メンタルヘルスケアとしては、やはり不完全なものというしかありません。セキュリティの点でも問題があったでしょうし、何よりシステムとしての完成度が無に等しいものでした。とはいえ、Ｅメールはコミュニケーションツールとして、とても魅力がありました。

最大のメリットは時間的な制約がないことです。

Ａさんのように昼夜が逆転した生活を送っている相談者に対しても、こちらがメールを届けておけば都合のいいときに読んでもらえるため、時間差でのコミュニケーションが自由にできます。また、ひきこもりの人にとっては、パソコンのディスプレイに現れる一つひとつの情報が外界を知る貴重なツールになり、さまざまな刺激を与えることができたのも事実です。

アメリカでは、すでにＷｅｂサイトを介したカウンセリングが一般化しているという情報を知ったとき、私はインターネットの大きな可能性を感じました。

「そのシステムなら、もっとたくさんの人がカウンセリングを受けられるのではないか」

そう思うと、ますます興味が湧いてくるのでした。

ちょうどその頃、私はある学会に参加することになります。働く人のためのメンタルヘルスケアが進んでいるアメリカには、「ＥＡＰ（従業員支援プログラム）」を行うプロのメンタルヘルスケアワーカーを対象にした「ＥＡＰＡ」という協会があり、年に一度、全国総会を開催します。私は、２０００年12月にニューヨークで行われた総会に初めて参加したのです。

総会には、カウンセラーを派遣するプロバイダー各社を始め、メンタルヘルスケア業界の約３００の企業や団体がブースを出展し、毎回数万人もの来場者が集まります。

私は、自分の顔写真を大きく引き伸ばして壁に貼り、「ＡＳ　ＹＯＵＲ　ＲＥＳＯＵＲＣＥ（あなたの道具として）」というキャッチフレーズを掲げて、日本人のカウンセラーにどれだけニーズがあるかをリサーチするつもりでした。

ところがアメリカの展示会では、カーペットや照明器具などはあらかじめオーダーしておかないと用意してもらえません。それを知らなかった私のブースは真っ暗で、あるのは机がたったひとつ。他はみなお金をかけて立派なブースをつくっているのに、私のブースはみすぼらしいかぎりでした。来場者も、ブースの存在に気づかず通りすぎるばかり。

私は、自分のブースでプレゼンテーションをするのをあきらめ、館内を歩き回ってすべてのブースの出展者と名刺交換をするという作戦に変更しました。

途中、私はあるブースの前で足を止めます。「eセラピードットコム」と書かれたそのブースでは、カウンセラーを募集したり、何かのセールスプロモーションをしたりしているようでした。私は、そこにいたひとりの青年に尋ねました。

「私、こんな会社は見たことがありません。これは何をやる会社ですか？　どんなケアをするの？」

「ここはオンライン・メンタルヘルスケア専門サイトの会社ですよ」

そう教えてくれたのが、ジェイソン・ザック氏でした。当時、ザック氏は私よりひとつ年下の27歳。アメリカでトップレベルのカウンセリングプログラムをもっているメリーランド大学で「ＰＨＤ（心理学博士号）」をとったばかりの、新進気鋭の博士《ドクター》でした。

「私もＥメールでカウンセリングをやっているんですけど、いろいろな問題があって困っているんです。ネットを使ったカウンセリングには何かルールのようなものはあるの？」

これまでのカウンセリングを通じて自分なりに感じていた疑問を口にした私に、ザック氏はこう答えました。

「もちろん。インターネット特有のテクニックもあるし、相談者の心の動きも他の方法と違いますよ。そういうことを勉強せずに、カウンセリングをしたら危険でしょう」

アメリカでは、カウンセラーはみなコンピュータの勉強もきちんとしていて、ある一定のルールのもとでＷｅｂカウンセリングが行われているとザック氏はいいました。それにひきかえ、当時の日本にはカウンセラーを派遣するプロバイダーもなければ、インターネットを使ったカウンセリングシステムも確立されていませんでした。当然、オンラインカウンセラーの技術を評価する仕組みもなく、一種の野放し状態でした。

私が、日本にはプロバイダーなど存在しないと説明すると、ザック氏はとても驚きました。そして、「僕が知っていることなら、何でも教えてあげますよ。いつでも気軽にコンタクトをとってきて」といってくれたのです。

ザック氏の勤める会社のサイトには、いろいろな分野のカウンセラーや精神科医が所属していました。ひとつのジャンルに特化していないことに、私は強く惹かれました。

オンラインカウンセラーへの道

日本に帰った私は、すぐさまザック氏に連絡をとり、彼との交流が始まりました。私は彼から、インターネットを使ったカウンセリングに関するあらゆることを教えていただきました。アメリカでのオンライン・メンタルヘルスケアの歴史もそのひとつです。

アメリカでインターネットを利用したカウンセリングが始まったのは、１９８０年代半ばのこと。最初はＢＢＳ（電子掲示板システム）を用いたものでした。その後、カウンセリングサイトがさかんになったのは、マイクロソフト社のＯＳ「ウィンドウズ95」の登場がきっかけでした。それからわずか数年後には、いまの一般的なシステムが普及し、サイトも細分化されていきます。たとえば、アメリカには、禁煙したい人のためのオンラインサイトや、アルコール依存症から抜け出すための専用サイトがあります。

ほかにも、ザック氏からはカウンセリングシステムのつくり方やアメリカでもっともポピュラーなオンライン・メンタルヘルスケアの仕組みなどについて、集中的にトレーニングを受けました。

題材がオンライン・メンタルヘルスケアですから、教育もEメールやチャットが基本です。それ以外にも、さまざまな資料を送ってもらったり、私がアメリカに彼を訪ねていってトレーニングを受けたりもしました。その過程で、私はこう考えるようになります。

「オンライン・メンタルヘルスケアへのニーズはこれからますます高まっていく。この授業を私だけが受けるのはもったいない。私よりも優秀な人たちにも伝えたい」

そんな願いから2001年12月、ザック氏を日本に招き、カウンセラーを対象にした「オンライン・メンタルヘルスケアについて／9・11テロ対応について」という講演会を開きました。メンタルヘルスケアの中で、Webカウンセリングがいかに重要であり、それを実践するためには専門的な勉強と安全なシステムが必要であることを、日本で初めて発表した講演会となりました。

講演会を開くことを決めたものの、どのくらい参加希望があるのか、正直なところ私はとても心配でした。しかし、社団法人日本産業カウンセラー協会のホームページ上で告知していただいたこともあって、1週間で130人ものカウンセラーから参加したいという申し込みがありました。

講演会に参加したのは、インターネットを使ったカウンセリング技術を身につけたい、本場のシステムを知りたいという願いをもったカウンセラーたちです。その多くはそれぞれが独自にEメールでカウンセリングをしていた人たちで、私と同じような相談者とのトラブルや、Eメールによるトランザクションの限界とどう向き合うかなど、いろいろな問題を抱えていたのです。

参加者の中には、「クライアント（相談者）の顔も見られないのに、どうしてカウンセリングができるのですか？」という根本的な疑問を口にする人もいました。自殺願望がある人やうつ症状が進んでしまっている人を相手にすることの危険性を訴える声もありました。

アメリカのオンライン・メンタルヘルスケアでは、カウンセリングを始める前に、悩みや症状に関してしっかりと調査を行い、オンラインでできる領域とできない領域を相談者にはっきりと伝えます。そして、その領域を超えたケースでは、カウンセラーは、精神科医などの専門家にスムーズに引き継ぐ「橋渡し役」に徹します。

つまり、「オンラインでメンタルヘルスケアができるのはここまでのサポートです」という線引きをはっきりすることで、仕事の範囲を明確にし、相談者にとってより効果的な対応がとれるのです。また、相談者の本音を引き出すためのテクニックやトラブルを防ぐためのルールも確立されています。

そうしたルールや概念を知らない参加者たちは、オンライン・メンタルヘルスケアにおけるカウンセリングの目的や性質がわかっていなかったため、混乱してしまったのです。しかし、ザック氏からオンライン・メンタルヘルスケアの概念や具体的なテクニックを聞いた後には、カウンセラーたちの疑問の多くは解消されたようでした。

そして、多くの参加者からは「Ｗｅｂカウンセリングを本格的にやってみたい」という感想が聞かれたのでした。

『ココロノマド』、開く

Ｗｅｂカウンセリングについて、ザック氏とさまざまなやりとりをするうち、私のなかでは日本でオンライン・メンタルヘルスケアを早く実現したいという気持ちが強くなっていきました。そして、意を決してつくるのであれば、きちんとした仕組みでやりたいという思いも強かったのです。

Ｗｅｂカウンセリングというのはあくまで一般概念で、そのカテゴリーには、Ｅメールやチャットなど、インターネットを使ったコミュニケーションツールが含まれます。たしかに、一般の人のようにＥメールでやりとりするものもオンライン・メンタルヘルスケアといえると思いますが、セキュリティがしっかりしていないことにはビジネスとして成り立ちません。

これは対面式カウンセリングで考えてもらえばわかります。

カウンセリングルームできちんと行うのか、喫茶店で行うのか、あるいは公園のベンチに座ってなのか。喫茶店や公園でする場合、カウンセリングの内容を横にいる人に聞かれてしまうかもしれません。そして、日常会話と変わりない、取り決めもルールも曖昧な世間話にすぎない対話になってしまう可能性があります。

カウンセリングルームであればその心配はいりません。

それと同じように、Ｗｅｂカウンセリングも秘密を厳守できるシステムが必要なわけです。

同時にそれはカウンセラーを守るためでもあります。相談者が安心して心を開ける環境というのはもちろん重要ですが、カウンセラー自身が相談者と一対一でコミュニケーションをとった場合、何かトラブルがあったときには、相談者がカウンセラーに対して直接コンタクトをとろうとするかもしれません。ときにはそれがエスカレートして、自宅にまで押しかけてしまう可能性もあります。それはカウンセラーや医師にとってはとても怖いことです。そうならないために、両者のあいだにきちんとプロバイダーが入って、カウンセラーも相談者も共にプライバシー侵害から守られているシステムにすることが重要なのです。

さらに私は、課金の仕組みもしっかりしていて、信頼度の高い、よりプロらしいシステムをつくりたいと考えました。

ザック氏の話から、きちんとしたシステムをつくって維持し、利用者から信頼を得るには、高い技術をもち、アフターフォローがとれる責任ある会社でないとだめだということがわかりました。そこで、お付き合いのあったコンピュータ会社にこちらの希望を伝えて、そのシステムをつくるにはいったいいくらかかるのか見積りを出してもらうことにしました。

その金額は、セキュリティ、課金システム、予約システムも含めて、なんと６０００万円。

29歳の私には出せるはずもない金額です。

「やっぱり無理なのかもしれない」

いったんはあきらめそうになったものの、このときひとつのアイディアがひらめきました。それは、ポータルサイトのコンテンツに加えてもらうという方法でした。

どんなにすぐれたシステムをつくっても、それがサイトとして認知されるためには宣伝が必要になります。けれど、宣伝には莫大な費用がかかるし、宣伝ができなければ広く一般の人の目に触れることはなく、たんなる自己満足に終わってしまいます。

その点、ポータルサイトなら宣伝費をかけずに多くの人に知ってもらうことができます。私はポータルサイトをもっている企業にプレゼンテーションをすることにしました。そこでシステムをつくり、それをサイトのコンテンツに加えてもらおうと考えたのです。

興味を示してくれたのが「ＮＥＣインターチャネル」の内井大輔さんでした。

私は、オンライン・メンタルヘルスケアの理念と使命を内井さんに説明し、内井さんに対して実際に私がＷｅｂカウンセリングを行いました。そして、自身がサラリーマンである内井さんは、その必要性を理解しようと努力してくれました。ＮＥＣインターチャネル社内には「こんなものが本当に売れるのか」という反対の声が多かったのですが、内井さんは、「オンライン・メンタルヘルスケアはこれからの日本の社会に絶対に必要なんです」と訴えて、社内をまとめ上げてくれました。そして、ＮＥＣが運営する「ＢＩＧＬＯＢＥ」の「健康サイト」という、まさにメンタルヘルスケアにはうってつけのポータルサイト上で、ＮＥＣインターチャネルと私の会社とが共同でひとつのサイトを運営することになったのです。

その準備段階として、まず「ストレスクリニック」というサイトを立ち上げ、カウンセリングによって問題解決ができた、という事例を募集しました。このとき、カウンセリングに関していくつかアンケート調査も行いました。その質問のひとつ、「あなたがカウンセリングを受けたい場所は？」という問いに対して、対面式と並んでオンラインと答える人が圧倒的に多かったのは、私たちに自信を与えてくれました。

また、「Ｗｅｂカウンセリングを受けるのに、いくらなら払ってもよいか？」という、料金設定に関するリサーチも行い、３８１８人から回答を得ました。

私はまた、オンラインによるカウンセリングについて、日本の臨床心理の専門家がどんな意

最初にカウンセリングを受けたい場所

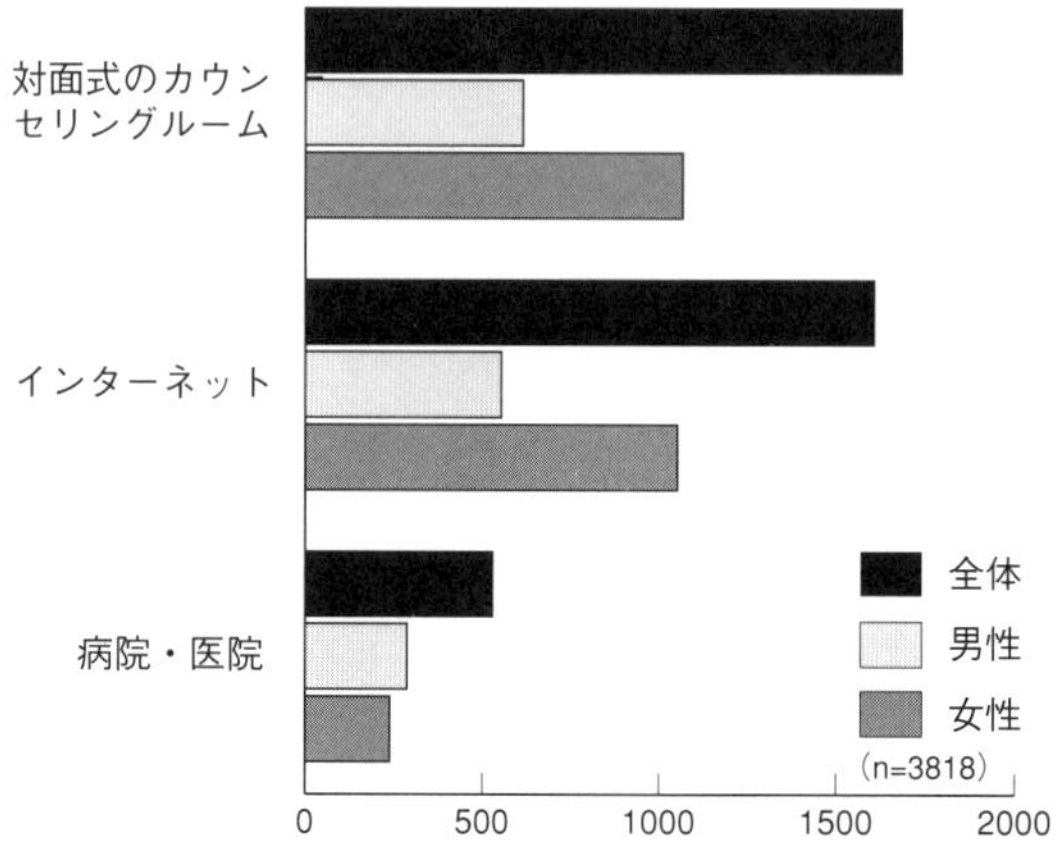

インターネットのメールによるカウンセリング（３回往復）に関してどの程度の費用が妥当だと思われますか？ (n=3818)

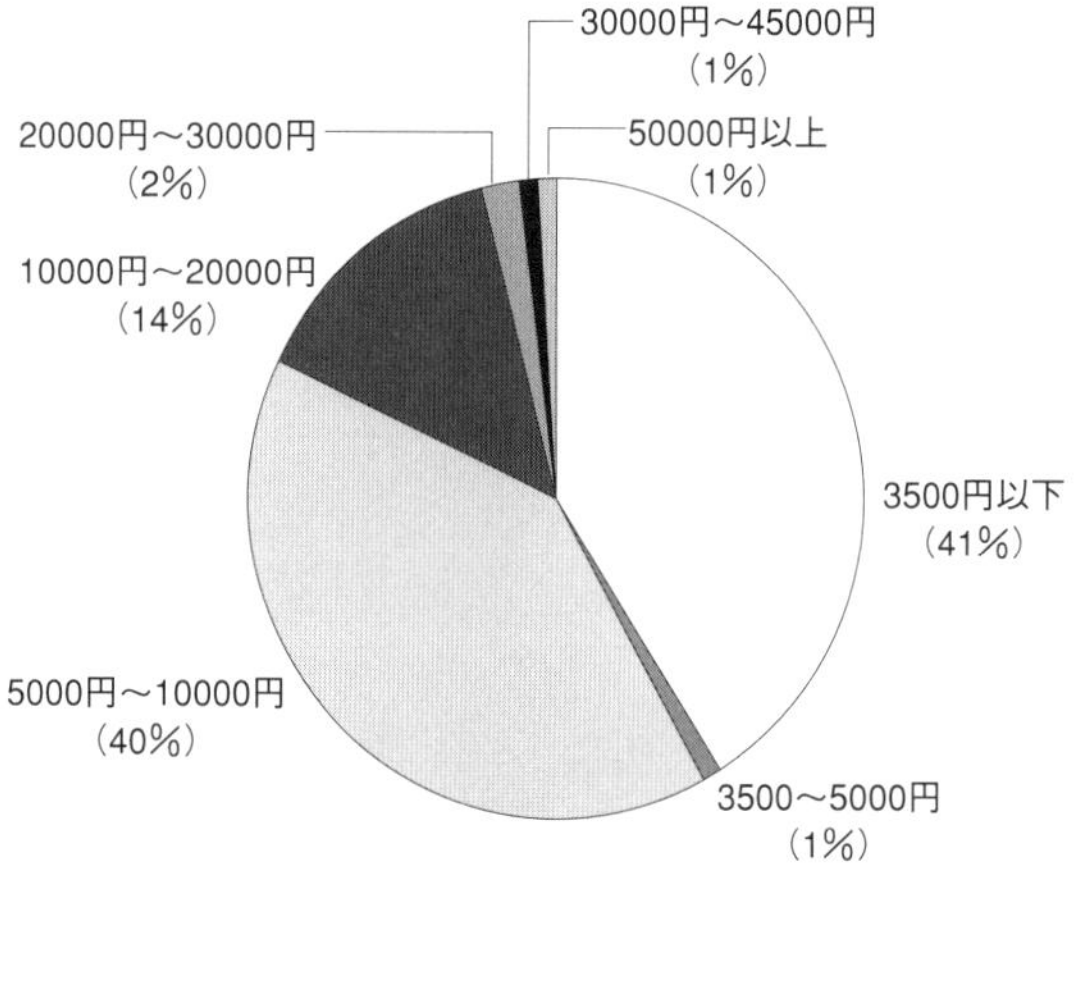

インターネットを使った「カウンセリング」に対して
どのようなイメージをお持ちですか？（複数回答可）

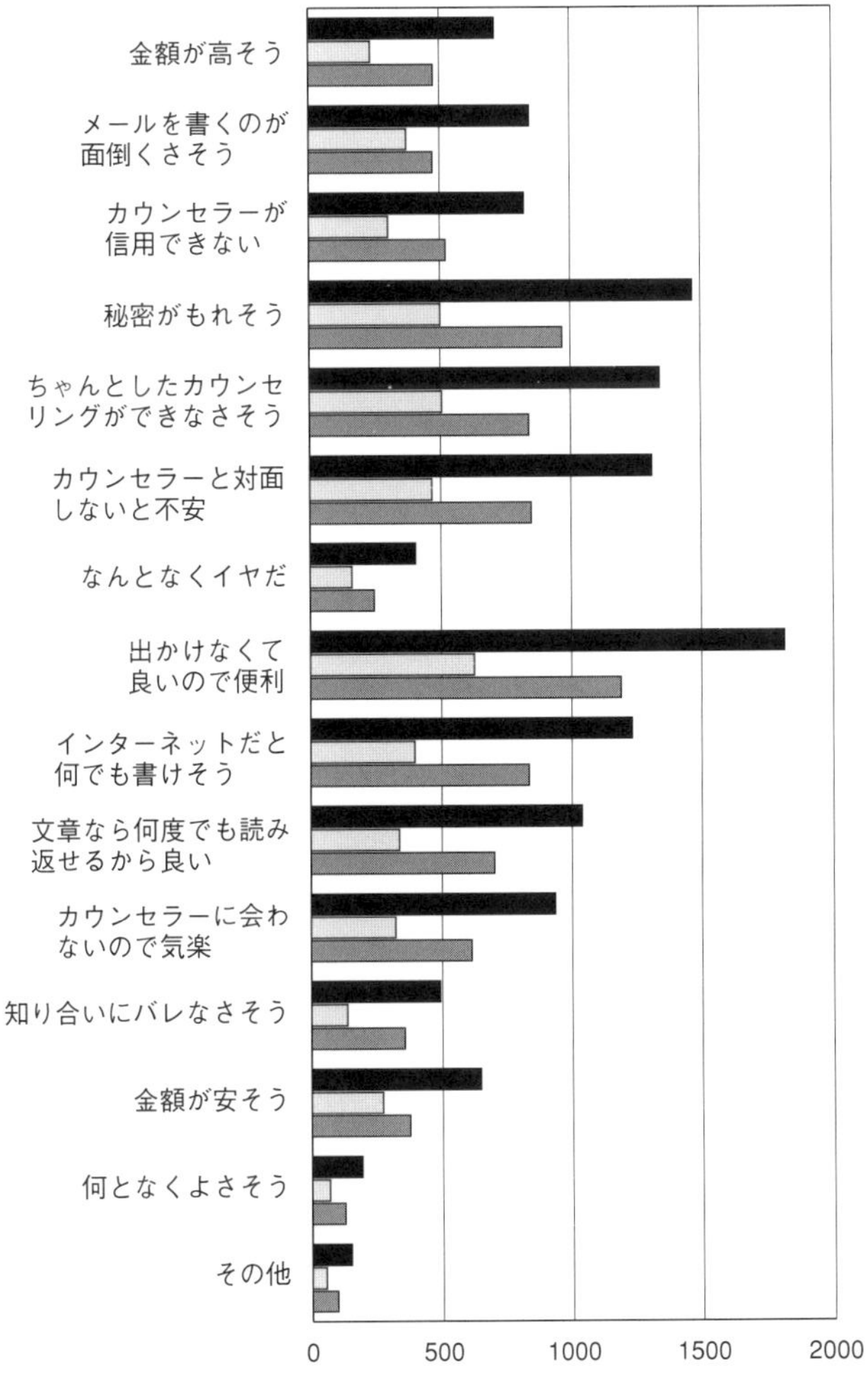

見をもっているのかを知りたいと考えました。

私はあくまでカウンセラーであって、心理学者ではないからです。そこで私たちは、多くの臨床心理士が所属し、スクールカウンセラーなどの紹介を行っている協会にご意見をうかがうことにしました。

そこでのオンライン・メンタルヘルスケアに対する意見はさまざまでした。基本的にはその必要性を認めていただいたのですが、「オンラインは危険が多すぎるのではないか」など、いくつか慎重な意見が聞かれたのです。しかし、協会のホームページに私たちのカウンセラー募集の広告を載せてくださいました。おかげさまで優秀な臨床家とめぐり合うことができました。中でもスーパーバイザー役として名乗りをあげてくださったのが、金沢工業大学の塩谷亨博士でした。

「オンラインにはもちろん危険もあるでしょう。でも、これだけインターネットが盛んで、Eメールなどをコミュニケーションツールとしてみんなが普通に使っている。それならWebカウンセリングもあっていいはずですよね」

というのが塩谷先生の意見でした。それに力を得た私は、まず相談者に、ストレスやメンタルヘルスケアについての基礎的なことを知ってもらうために、塩谷先生にサイト上で、「カウンセリングとはどんなものか」「どうやってうつ病やストレスに向き合っていくか」といったコラムを書いていただくようお願いしました。

塩谷先生は、「臨床心理学」と「コミュニティ心理学」の専門家です。先生に協力してもらったのは、私たちのサイトが、アメリカのオンライン・メンタルヘルスケアのたんなる物真似ではなく、日本のメンタルヘルスケアに必要なものを、心の専門家とともにつくり上げていく一歩として示したかったためでした。先生はまた、カウンセラーのプライバシーを保護して、相談者が直接コンタクトをとろうとする危険から守らなくてはいけないとアドバイスしてくれました。

一方で、ザック氏の意見を参考にしながら、サイトのシステムづくりを急ピッチで進めました。Ｗｅｂカウンセリングではカウンセラーの教育こそ重要だと考え、ザック氏に日本人用の教材を発注し、それを私が翻訳して15人のカウンセラーを育成しました。その15人は全員、あの講演会に出席してくれた人たちです。

こうして２００２年４月、メンタルヘルスケア先進国アメリカのガイドラインにのっとった、オンラインによる本格的なメンタルヘルスケア・サイト『ココロノマド』が誕生しました。窓というのは、風が両方向から吹くものです。私は、この窓を通して、相談者とカウンセラーの両者が気軽に〝コミュニケーションの風〟を送り合ってほしいという願いをこめて命名しました。心なごませる自然の風のように……。

スタートにあたっては、ザック氏と塩谷先生、そして精神科医で医学博士の垣渕洋一先生という3人の博士にサポートしてもらうことにしました。それは、サイトとして、常に最先端のメンタルヘルスケアの知識を取り入れ、それを登録カウンセラーにフィードバックすることでカウンセラーたちのマインドを高めようというのが一点。さらに日本のユーザーに対して、メンタルヘルスケアについてより理解を深めてもらおうという考えからです。

ところが、世間の反応は私の予想とはまったく違うものでした。サイトを立ち上げてはみたものの、カウンセリングを受ける人がほとんどいないのです。サイトへのアクセスは多かったものの、3往復のトランザクションを終えた人は1カ月でたった2～3人という惨澹《さんたん》たる状態でした。

「川西さん、このサイトがオープンしたら、3万人の自殺者を救えるはずじゃなかったの？」

関係者からそういわれ、私はゾッとしました。さらには、「このままだと維持できなくなるかもしれません」ともいわれました。

しかし、まもなくそれは杞憂《きゆう》に終わりました。とてもゆっくりではあるものの、登録会員は着実に増えていったのです。

人気のあるサイトというのは、話題になった直後はいきなりアクセス数が増えても、あるときガクンと落ちることがあります。いまだからいえることですが、私は『ココロノマド』をそういう一時的なブームで終わってしまうサイトにはしたくないと考えていました。

会員登録をしても、すぐにカウンセリングを受けるケースは多くないこともわかってきました。サイトのコンテンツを見ながら、やるかやるまいか迷ったあと、ようやく3、4カ月たってからカウンセリングを利用するという人が多かったのです。

登録者数はその後もじわじわと増えていき、開設から半年後には、会員数は3000人を突破したのでした。

2002年8月に、アメリカのシカゴで1万人を超える臨床家が参加する「APA（アメリカ心理学会）」が開かれました。そこで私は、日本でもオンライン・メンタルヘルスケアが根づき始めた喜びを世界に伝えたいと思い、『ココロノマド』を例にとって発表を行いました。

日本人として初めて、世界の臨床家たちに対し、日本のＷｅｂカウンセリングの実情を伝え、未来について語り合うことができました。大勢の日本人留学生やインターネットの可能性に関心を抱く心理学の博士たちに囲まれて、私はこれからの一歩を踏み出すための大きな力をもらった気がします。

❺

「ココロノマド・ケースノート」

「通訳者」としてのカウンセラー

オンライン・メンタルヘルスケアを含めて、カウンセリングを受けたことのない人にとっては、カウンセラーは頼りになりそうな反面、得体の知れない不思議な存在かもしれません。

現在、日本でカウンセラーと呼ばれる仕事をしている人の多くは、「産業カウンセラー」または「臨床心理士」という資格をもっています。前者は、文部科学省管轄の財団法人「日本臨床心理士資格認定協会」が認定している資格、後者は社団法人「日本産業カウンセラー協会」という団体が認定しています。いずれの資格も、一定の期間きちんとした勉強とトレーニングを積み、悩みやストレスを抱える人の心のケアを安心してまかせられると認められた人に与えられます。このふたつを合わせた資格取得者数はおよそ2万人といわれていますが、いずれも「公的資格」であって、国家資格ではありません。

このほか、民間のカウンセラー養成学校などの機関が発行している資格（のようなもの）もあり、それを掲げてカウンセリングを行っているケースも少なくないようです。

アメリカでは、カウンセリングは「ビヘイビアル・サイエンス＝行動科学」といわれていま
す。つまり、決して感覚的なものではなく、きわめて科学的なものなのです。

カウンセラーの質問の仕方が悪ければ、相談者は本音を打ち明けようとしませんし、問題点をきちんと整理するためのきっかけを与えられないと、相談者の複雑なストレスはほぐれるどころか、より絡まります。

相談者の話に耳を傾け、何気ない言葉の中から問題点の本質をつかむ。カウンセラーには人間性と同時に分析眼のようなものが求められるのはそのためです。

カウンセラーはまた、「医療通訳者」としての側面もあります。きちんとした教育と訓練を受けたカウンセラーであれば、「精神科病院は何をするところ？」「心療内科というのは何を診てくれるの？」といった質問にわかりやすく答えられるはずです。とくに初めてカウンセリングを受ける相談者には、聞いただけではよくわからない専門領域の言葉をやさしい言葉に置き換えて、その人の症状や経済状況にあった受け入れ先、対処法をアドバイスし、相談者が解決に向けてさまざまな選択を行えるようサポートしていきます。

オンラインカウンセラーは、これまでにも述べたように、オフラインのカウンセリングや治

療への橋渡し役も兼ねています。たとえば、Ｗｅｂカウンセリングで改善するのが難しいと判断した場合、心療内科医と精神科医のどちらに診てもらえばいいのか。あるいは総合病院と開業医、クリニックと病院ではどちらがいいのか。そういった質問に対し、オンラインカウンセラーは適切な情報を提供できる能力が求められます。

この情報提供というのも、カウンセラーの大切な仕事です。相談者に生活指導が必要であれば、民生委員や保健婦などのソーシャルサポートの仕組みを伝えます。また、『ココロノマド』に、全国各地の「いのちの電話」の支所リストを掲載しているのもそうした情報提供のひとつです。このように、カウンセラーには、相談者に対して、解決のための選択肢をできるだけ多く示すというスキルが求められるのです。

カウンセラーとしての適性チェック

では、いったいどんな人がカウンセラーに向いているのでしょうか。

私が思うに、カウンセラーに必要な適性のひとつは、「臨機応変に対応でき、自然なきっかけをつくってコミュニケーションができる」ということです。

とくにWebカウンセリングは、顔も知らない相談者と、ハートとハートで伝えあうものですから、繊細な神経の持ち主でないとできないでしょう。相談者のどんな些細なことにも反応できる人が望まれます。

自分自身のアイデンティティがしっかりしていることも大切です。なぜなら、自分自身が揺らいでしまっていては、心が揺れている相談者を相手にできないからです。

また、カウンセラーは、カウンセリングの勉強をしているだけでは十分とはいえません。知識が豊富なだけでなく、常にアンテナを張り巡らせておき、情報を収集する努力が必要になります。

カウンセリングでは経験も大きな力になります。その意味では、たとえば肉体労働やお坊さんなど、他の職業を体験したことがある人がカウンセラーになるのもいいでしょう。

人の悩みは千差万別です。その人の気持ちに共感したり、役立ちそうな情報を提供したり、あるいは社会的にサポートしたりすることは、心理学だけで頭でっかちになっている人には絶対にできないのです。

私には以前、就職できないために人生に行き詰まってしまった青年に一冊の本を紹介して、元気を取り戻してもらった経験があります。『世界ノホホン珍商売』という本でした。

この本は、私の友人がユーラシア大陸10カ国、アフリカ大陸14カ国の旅の道筋で出合った商人たちの四方山話を集めたものでした。仕事を見つける大変さは全世界どこでも一緒。でも、やる気とアイディアさえあれば仕事は無限に見つかるものだ、とこの本は教えてくれます。彼らの一見バカバカしい商売根性や生きざまに、現代人に枯渇したバイタリティを感じました。

彼にその本を紹介したのは、心の浄化作用を活性化させる手段として、自分の知らない世界に目を向けるだけで気持ちが楽になることもある、と伝えたかったからです。

このように、カウンセラーは相談者が希望し、理解する余裕がある場合には、刺激や情報を与えるという役目があります。そのためにはカウンセラー自身も日頃からいろいろなものを吸収していなければなりません。

もちろん、自分の健康管理がしっかりできて、いつも元気な人でないとカウンセラーは務まらないのはいうまでもないことでしょう。

そしてもうひとつ、カウンセラーは、その力のかぎり「すべてにおいてあきらめない」、そして「相談者の心に純粋に興味をもつ」ことが大切だと私は思います。

文章力が問われるオンラインカウンセラー

オンラインカウンセラーに求められるものは、まだまだあります。まず、コンピュータ、とくにネット上に置いたカウンセリングシステムを使いこなせることが前提になります。そして、自分のメールを頻繁にチェックして、相談者に適切に対応する配慮も必要です。

さらに、面談や電話と違って、オンラインカウンセラーには文章力が問われる要素が大きいのです。

私は、カウンセリングを上手に受けるコツのところで、「相談者はうまい文章を書く必要はない、気持ちをあるがままに表現すればいい」と書きました。でも、カウンセラーはそうはいきません。相談者の言葉を検討して対策を立てたら、それを相談者にできるだけわかりやすく伝えなければならないのです。

そのため私は、『ココロノマド』のカウンセラーを養成するにあたって、ザック氏がつくってくれた教材の翻訳だけではなく、「文章講座」という科目を加えました。

相手の本当の気持ちを引き出すには、どういう言葉を使うかはとても大切ですが、オリジナルの教材は英文のためにメリハリがない気がしました。私は、よりよいカウンセリングのためには、カウンセラーの意志伝達技術として、日本語の文章技術を磨くことが大切だと考えたのです。

このように、歴史の浅いオンライン・メンタルヘルスケアには、カウンセラー養成の点でもまだまだ改良の余地があります。カウンセリングのテクニックと同様、チャレンジの連続といえるでしょう。

私は、カウンセラー養成講座を開くときには、そのつど教材を見直すようにしています。なぜなら、Ｗｅｂカウンセリングの完成度を高めるには、技術とコミュニケーション学というふたつの進歩が欠かせないことだからです。

『ココロノマド』のカウンセラーたちも、私やスーパーバイザーである精神科医、心理学博士、放射線専門医といった専門家たちと相談しつつ、ときには四苦八苦しながらカウンセリングに臨んでいます。そうしていろいろな症例をこなしていくうちに、カウンセリングがどんどん利用価値のあるものに改善されてきているのです。

私もケースカンファレンスに加わることがありますが、サイト立ち上げの頃と比べて、カウンセラーたちの進歩は目をみはるほどです。

個性豊かなカウンセラーたち

『ココロノマド』では、カウンセラーになるための敷居を高くしています。まず、臨床心理士か産業カウンセラーの資格をもっていることが第一の条件です。次にザック氏がつくった教材で学習して確認テストに合格し、さらに面接試験と筆記試験を受けてもらい、それにパスしたら実際のトランザクションを行ってもらいます。最後に、顧問の精神科医と心理学博士のチェックを受け、ＯＫが出て初めてカウンセラー登録ができるシステムになっています。

2003年1月現在、ココロノマドには28人のメンタルヘルスケアのプロが所属しています。年齢は20代から70代までとじつに幅広く、それぞれがユニークなキャリアと経験をもった人たちです。

オンラインと聞くと、なんだか機械的ですごく冷たいイメージがあるかもしれませんが、実際はそうではありません。オンラインは、相談者にコンタクトし、コミュニケーションをとるためのただの仕組みにすぎません。中身はすべて生身の人間が関与しているのです。

ここで、そのカウンセラーの中から何人かを紹介します。

・松本桂樹さん（33歳）

臨床心理士と精神保健福祉士の資格をもつ松本さんは、幼い頃から、夢の中で夢を見ているのを自覚できる「明晰夢」を見るという不思議な体験をしてきました。それがきっかけで夢に興味をもち、大学で心理学を勉強するうち、臨床心理学に強く惹かれるようになり、カウンセラーになりました。

得意とする分野は、従業員援助プログラムで、なかでもうつ病やアルコール依存に悩む人のサポートを数多く手がけてきました。現在は、『ココロノマド』のカウンセラーとして登録すると同時に、ＥＡＰサービスを提供する企業「ジャパンＥＡＰシステムズ」のＥＡＰ相談室長として活躍。「カウンセラーである前に、人としてのやさしさ、思いやりがもっとも大事」というポリシーにもとづいて、働く人とその家族に対してオンラインや電話でカウンセリングを行っています。

これまでの相談でとくに印象に残っているのは、恋人を亡くしてしまったある男性からの相談。その方は、喪失の悲しみや恋人との思い出、相手に何もしてやれなかった罪悪感などを、思いのままメールに書き綴ることで、自分で自分の気持ちを整理することができ、恋人の分まで前向きに生きていくことを決意してくれたそうです。

「自分の気持ちを言葉にして表現するのが苦手なほうが、一生懸命に言葉に表してくれて、自分の気持ちを伝えてくれたときには、とてもうれしい気持ちになります。そうやって相談者の方が自由に自己表現してくれるようになったときが、カウンセラーになってよかったと思える瞬間です」と松本さんはいいます。（得意のジャンル／うつ病、アルコール依存症、アディクション問題、パニック障害）

・大島厚太郎さん（74歳）

大島さんは、大手メーカーのエレクトロニクス技術者として長い会社員生活のあとにカウンセラーになった人です。会社員生活のあいだ、20歳代の部下がうつ状態で会社を去ったり、定年後勤務した関連会社で入社間もない若い技術者がうつ状態になって辞めていったりする姿を見た大島さんは、その若者の力になれなかったことを深く後悔します。それがきっかけになって若い人の心理やカウンセリングに関心をもつようになり、関連会社では多くの若い技術者たちと仕事や悩みについて話し合ったり、テニスやリコーダーの合奏を楽しんだりするようになりました。

「自分が新入社員のとき配属された職場には、仕事に関係する質問はもちろん、個人的な悩みも上司たちと自由に話し合える雰囲気がありました。相談相手がいることで、私はずいぶん助けられたと思います。かつて先輩たちが私を育ててくれたような職場の環境を、今度は自分がつくりたいという気持ちがあったんでしょうね」

やがて、会社員生活も終わりを迎える年齢になったとき、希望に燃えて働く人たちの相談相手になりたいと思い、カウンセラーになる決心をしたそうです。

現在は、かつてご自身が悩まされたパニック障害や仕事の悩みなど、さまざまな体験を生かしながら、おもに働く人たちに対してカウンセリングを行っている大島さん。とくに若い人には、「一歩引いてみると、いままで見えなかったものがよく見えるようになることがあります。人に相談するまでもないからと、自分ひとりで抱え込まないでカウンセラーにちょっと相談してみること。それが心身ともに元気に働くコツです」と訴えています。（得意のジャンル／仕事、対人関係、キャリア）

・高栖《たかす》円《まどか》さん（45歳）

高栖さんは、かつて彼自身がパニック障害で苦しんでいたとき、カウンセリングを受けてとても楽になった経験から、自分もカウンセラーになったという人です。

大学卒業後、地元の優良企業に就職し、何ひとつ悩みのない生活を送っていたある日、高栖さんは突然、体調に異変を感じました。33歳のときだったそうです。わけもなく恐怖と不安に駆られるようになり、自律神経失調症のような状態が延々と続き、どの病院に行っても原因がわからない。それが「パニック障害」だとわかったのは何と発症から7年も経ってからのことでした。

快方に向かうまでの長い年月、何よりも大きな支えになったのはインターネットを通して知り合った同じ悩みをもつ人たちとの交流と、そこで得た情報だったといいます。そんな思いから、今度は自分が誰かの役に立つ番だと、自らパニック障害のサイトを開設。ＢＢＳやメールで多くの人たちの相談にのるようになりました。やがて、人の相談にのるのであればきちんとした資格をとろうと思い立ち、正式にカウンセラーとしての資格を取得しました。

現在は、『ココロノマド』のほか、自身のホームページを通じてパニック障害に悩む人たちにアドバイスを行っています。

悩みを抱えている人たちに対しては、「私は常に、みなさんと一緒によい方向へ向かう同行者という存在でいたいと思っています。悩みを抱えているみなさんと手をとり合って、出口に至るヒントを探していきたい。身体、心、人間関係、その悩みや苦しみを、ちょっと勇気を出して話してみませんか」と訴えているほか、地元でパニック障害の患者の会を立ち上げ、代表として月に一度、定例会の開催・運営も行っています。（得意のジャンル／パニック障害、全般性不安障害、不安神経症、うつ、強迫性障害、職場の人間関係、家庭内での同居問題、夫婦、

親子間の問題など）

・朝国耕太郎さん（42歳）

朝国さんは、新聞記者として活躍するかたわら、日本産業カウンセラー協会の認定カウンセラー、『ココロノマド』のオンラインカウンセラーとしても活動しているユニークなキャリアの持ち主です。

朝国さんがカウンセリングの必要性を感じたのはいまから6年ほど前。取材を通じて、日本人男性の多くが悩みを抱えていることに気づきます。自殺する人の約7割が男性であること、家庭の中に居場所のない中高年の男性が増えていること、そして競争社会の中でたくさんの男性がストレスを抱えながらも、女性のように誰かに打ち明けることができないなど、男性の心の問題はとても根深いものがあります。しかも、男性には悩みを相談する相手がいないことを実感した朝国さんは、カウンセリングと「男性学」の勉強を始めたそうです。

最近は、講演活動などを通じて妻を殴る男性の問題に取り組む一方、「ドメスティックバイオレンスの被害者をサポートする会」の代表になり、ＤＶ被害者をサポート。「どんな考え方をする人でも、どんな意見でも、その人の気持ちに寄り添うこと」、そして「批判せず、押しつけず、強制せず、否定せず、受け入れていく」ことをモットーに、悩みを抱える人たちのために、研究活動を続けながら、熱心にカウンセリングを行っています。

いま、朝国さんが気にかけている相談者は、『ココロノマド』でカウンセリングをしている45歳の男性です。職場を配置転換になった不満を伝える内容のメールが来てからかれこれ1年、ストレスのダメージが大きかったのでしょう、なかなか自分がどうしたいとか、こうなりたいという目標が出てきません。これは現代の中高年男性にありがちなケースです。本人も自覚しているのに、不愉快だと感じるとすぐに攻撃的になり、他人を許すとか、考え方の違いを認めるという発想ができないのが問題のようです。日常生活でたまっていくストレスからときどき届く相談メールで、彼は何らかのSOSを真剣に発信しつづけている、と朝国さんはいいます。

「いま中高年の男性でSOSを出せる人はそう多くはありません。男性は心に問題があってもそれに気がつかないか、我慢して誰にも相談せずに乗り越えようとするからです。その男性はぶつぶついいながらも、本心では素直に生きたいのです。素直に生きたいという思いと、ふつふつ湧き起こってくる感情のミスマッチが彼を苦しめ、生きづらさを感じさせているのだと思います。それでも、彼はいまちょっとずつちょっとずつ変わろうとしています。この1年でメールの内容もずいぶん明るくなって、『先生に話を聞いてもらって感謝している』『誰かに自分の気持ちを話せるのはうれしい』『顔を見ないで話せるオンラインは気が楽』という感想を送ってくるようになりました」

最近、その男性はメールの中に「遊び心を大切にしていきたい」と書いてきたそうです。それは、心にゆとりがないと豊かな人間関係も築けない、と思えるようになったからではないかと朝国さんは考えています。（得意のジャンル／男女問題）

顔を見せることが安心感を生む

カウンセリングを行う人にとっては、相談者に対して自分のプライバシーをどこまで明らかにするかは難しい問題です。とくにオンラインカウンセラーにとって、「素顔」を公表するかどうかは意見の別れるところです。つまり、素顔がわかると、カウンセリングを巡って相談者と何かトラブルがあったときに、素顔を手がかりにして直接コンタクトをとってくる危険が生じるため、さらなるトラブルにつながりかねないからです。

しかし、『ココロノマド』をのぞいてもらえばわかりますが、数人のカウンセラーはサイト上で顔と本名（ペンネームの人も数人います）を公開しています。これには理由があります。

以前は、顔を出したくないというカウンセラーがほとんどでした。しかし、そういう人には、相談者からの指名がほとんどありませんでした。相談者にすれば、顔もわからないカウンセラーとコミュニケーションをとるのはやはり心配だったわけです。相談者は、迷ったり、躊躇したりしながら、自分の本心を見せるものです。勇気が必要なのは、インターネットで買い物をする比ではありません。相談者へのハートフルなメッセージとして、私はある程度カウンセラー側の情報開示が必要なのだと感じました。

公表をためらうカウンセラーたちに、Ｗｅｂを介して誰もが気軽にカウンセリングを受けられるようにするためには、カウンセラーの顔を公表する必要があるのだと説得した結果、公開に応じてくれました。

また、相談者のために、カウンセラーのポリシーというものもサイト上に掲載しています。

診察室もカウンセリングルームもないオンラインカウンセラーにとっては、カウンセリングをするのはサイト上のバーチャルルームだけです。自分の部屋のドアをノックしてもらうには、自分がどんなカウンセラーなのかを知ってもらう必要があります。そのための手段が、どういう気持ちで相談者に接しているかという「カウンセリングマインド」なのです。そして、自分がどんな分野に強いのか、これまでどんな症例を多く手がけてきたかという情報も公開しています。

こうした情報は、相談者にとっては貴重なものです。もちろん、こうした情報を公開する際にも、カウンセラーの安全と相談者との信頼関係を守るのが前提になるのはいうまでもありません。

オンライン・メンタルヘルスケアのケースノート

ここでは、『ココロノマド』で行われたカウンセリングの実例を紹介します。掲載にあたっては、すべて相談者本人の承諾を得ています。

ケース1「人と会うことがストレスになる」

35歳のＯＬ、Ｈさんの悩みは、買い物をやめられないこと。宝石や化粧品など、気に入ったものをカードで買い漁り、気づいてみたときにはその額が数百万円になっていました。どうにかしないといけないと思ってはいましたが、厳しい両親には怖くて打ち明けることができません。また、相談できる恋人や友達もいませんでした。

その苦しみを何とかしたいという思いから、ＨさんはＷｅｂカウンセリングを受けることにしました。

【カウンセラーの対応】

カウンセリングではまず、Ｈさんがなぜ買い物をせずにはいられなくなるのか、その行為をあたまから否定することなく、要因を探ることから始めました。彼女がお金を使うのは、きれいにお化粧をして、人一倍おしゃれをするためです。その理由を尋ねると、

〈格好悪いと思われるのがイヤだから〉

という答え。そこで、カウンセラーはこんな質問をしてみました。

《「格好悪いと思われるかもしれない」と考えたとき、あなたの気持ちはどう変化するのですか？》

それに対して、彼女は自分の気持ちをこう書き綴りました。

〈人に相手にされなくなると思う。人が私から去っていく気がする。軽蔑される。自分の価値が下がった気がする。バカにされるようで怖い……〉

Hさんは、「自分は誰にも受け入れてもらえないのだ」というラベルを自分に貼ってしまったために、周囲とコミュニケーションがとれない状態でした。そして、自分の気持ちを表現できる唯一の手段が買い物だったのです。

〈自分を変えたい。そして他人と普通に接することができるようになりたい〉

それが、カウンセラーとHさんとで決めたゴールでした。

そのために、カウンセラーはHさんが他人とコミュニケーションをとろうとするときの心の動きを聞いてみました。

Hさんは、他人に対して常にひがみや怒りを感じていました。そのままの状態で口を開けば、失礼なことや傷つけるようなことをいってしまうので、相手がどう受けとめるか心配になる。そうなると、自分の気持ちを伝えるのが難しくなって、言葉が短くなり、ますます気持ちが伝わらなくなるという悪循環に陥っていたのです。

Hさんは、周りの友人や同僚など、すべての人に対してそんな調子でした。頭の中にはいつも、その人たちとどう接すればいいのかという心配があって、話をするにもそのつど考えなければなりません。カウンセラーとHさんは、周りの人たちにどう接すればよいのか、ひとりずつ実行パターンをつくることにしました。

《たとえば、Mさんにはどうやって接しますか？　具体的に書いてみて》

〈話す内容を長くする。「うまく説明できないかもしれないけど」と前置きをして、自分の気持ちや感じていることを話す〉

それがHさんの答え。カウンセラーはそのとおり実行するようアドバイスしました。他の人についても、同じようにシミュレーションをして、実行してみたそうです。

やがてHさんは自分自身でシミュレーションができるようになり、その結果、職場で普通に会話ができるようになりました。そして、無駄な買い物をする癖《くせ》もなくなり、毎月の残業代をローンの返済にあてました。そんな彼女の目標は、お金を早く返すことと、恋人を見つけることだそうです。

ケース2「自分に自信がもてない」

Tさんは40歳の男性会社員。彼は、ギャンブルにハマり、家族に内緒で借金を重ねていました。でも、返すあてなどありません。誰にも相談できず、仕事も手につかなくなってしまったTさんは、誰かに助けてほしい一心で『ココロノマド』にやってきました。

【カウンセラーの対応】

《ギャンブルをしたくなるのはどんなとき?》

ある時点でカウンセラーはこんな質問をしました。それに対するTさんの答えは、

〈会社で上司から仕事を振られたとき〉

というものでした。

会社では、仕事を一方的に押しつけられることが多く、仕事もストレスもたまる。それが、パチスロをしているときは、機械を自分の意思でコントロールしているようで気持ちがいいというのです。

次にカウンセラーはこんなメールを送りました。

《では、仕事のイライラをギャンブルに置き換えてしまうには何か理由があるのでしょうか?》

その理由は、

〈すべてに自信がもてない〉

というものでした。

Tさんは、数カ月前の人事異動でその部署にやってきました。同じ仕事をしているのは上司だけ。わからないことがあれば、上司に聞くしかないのですが、聞いても上司は教えてくれないことがあります。そのくせ、ミスをすると、「どうしてできないんだ」と怒る。そのうち、Tさんは上司に質問することに臆病になってしまい、どうしていいかわからずにギャンブルに走ってしまったのです。

そこで、カウンセラーとTさんが当面のゴールとして設定したのは、「仕事について上司と話し合う」というものでした。

トランザクションを進めていくと、その上司がTさんの父親に似ていることもわかってきました。子どもの頃、Tさんは父親につくりかけのプラモデルを壊されたことがあり、いまでもそのときの光景が頭にフラッシュバックすることがあるそうです。また、テストで答えを間違えたときには、「どうしてこんな問題が解けないのだ」と怒られる。その怒り方はいまの上司とそっくりだというのです。
カウンセラーはこう聞きました。
《いまのあなたなら、お父さんに反論できますか？》
Tさんは、「できます」と答えました。そこで、カウンセラーが父親役になって、ふたりでロールプレイをすることにしました。これにはオンラインがとくに有効です。なぜなら、顔が見えないために想像力を働かせることができるからです。その点では、カウンセラーの顔が見えてしまう対面式よりすぐれているといえます。
カウンセラーが父親になってTさんを叱りました。
《どうしてこんなものをつくっているんだ。勉強しろ！》
それに対して、Tさんはこう答えることができました。

〈楽しくつくっていたのに、どうして壊したんだ！〉

そんなやりとりをいくつか重ねていき、オンライン上ではありましたが、Tさんは父親に反論ができるようになったのです。そうしたトレーニングを積んだ結果、Tさんは職場で上司に仕事に関して相談することができるようになりました。しかし、それでも上司は答えてくれないこともあったそうです。でも、このときにはTさんにも相手を理解できる余裕ができていました。つまり、上司が答えてくれないのは、仕事が忙しくて、ストレスを抱えているからだと思えたのです。

仕事とも向き合えるようになったTさんは、ギャンブルに逃げることが少なくなり、使うお金も小遣いの範囲内に収まるようになります。そして、仕事に真剣に取り組むうち、上司が忙しいのは、組織に問題があることに気づきました。その結果、Tさんは、その会社を辞め、別の会社に転職するという道を選びました。

その後、Tさんから届いた「解決レター」には、新しい会社で元気に働いていると書かれていました。そして、ギャンブルでつくった借金については、奥さんと前向きに話し合い、返済に協力してもらえることになったとのことでした。

ケース3「将来に対する不安」

Ｉさん（24歳・男性）は、就職で悩んだ末に『ココロノマド』にコンタクトしてきました。彼は大学卒業後、父親の勧めもあってある会社に入社しましたが、なじめずに半年で辞めてしまいました。その後、自分で就職活動をして小さな商社から内定をもらいましたが、父親があまりいい顔をしません。このまま入社しようか、それとも父親が納得するような会社を目指して就職活動を続けたほうがいいのか。Ｉさんはどうしていいかわからなくなってしまいました。

【カウンセラーの対応】

最初にＩさんからカウンセラーに送られたメールは、かなりの長文でした。

内定はもらったものの、その会社の将来性や給与などの待遇に不安があること。父親も自分なりに調査をして、その業績に不安をもっていること。父親はまた、大きな夢ばかり見てはいけないとＩさんを批判しているとも。

Ｉさんにとっては、父親がとても気になる存在で、家の格式も大きなプレッシャーになっているることがわかりました。カウンセラーはこう聞きました。

《あなたは、お父さんがノーだといったらその会社には行かないのですか？　あなたがこの会社を選ぶ本当の理由は？　この会社でやりたいことは何ですか？》

これは、Ｉさんが書き綴ったことをまとめて、気持ちを代弁したにすぎません。じつは、Ｉさんからの何度目かのメールの最後にはこんなことが書いてあったのです。

〈僕の夢を実現するのはかなり難しいようです。でも、それができないなら、できないなりに、その世界に近いところで働きたいと思い、就職活動をしてきたんです。こんなふうに考えるのはおかしいですか？　正直、迷っています〉

これは、長いメールを書いていくうちに、Ｉさん自身の頭の中が整理されたことを示しています。これについて、カウンセラーは次のメールでこう答えました。

《あなたがそう考えるのは全然おかしいことではありませんよ。この会社を選んだのは、自分

の夢としている世界に近いところで働きたいという理由からだったのですネ》

自分なりにやろうと決めて、自分なりに選んだ会社なのだから、それでいいはずだ。それは父親が何といおうが関係ない。そう考えたIさんは、その会社に入ることを決心しました。父親には、「自分で選んだ会社だから後悔はしない」と、自分の言葉で伝えることができたそうです。

Iさんは、自分の考えで将来を決めたことで、あれほど悩んでいた父親への接し方もわかるようになっていきました。それは、将来について自信がもてたことによる二次的な成果でした。

ケース4「ストレスからくる肉体疲労」

Aさんは、28歳の独身女性。メーカーで研究職に就いて8年目になります。あるとき、突然耳鳴りがして、ときどき両耳が聞こえなくなる症状に苦しんでいました。耳鼻科に行ったところ、耳の圧力も器質も異常はないが、このままでは聞こえなくなる可能性があると診断されました。医師は「ストレスだから、安定剤を飲んで様子を見よう」というだけ。Aさんは対面式カウンセリングを受けようとも考えましたが、耳が聞こえないこともあるためそれもできず、

『ココロノマド』でカウンセリングを受けてみることにしました。

【カウンセラーの対応】

カウンセラーはまず、Aさんに現在の希望を尋ねました。それに対するAさんの答えは、

〈家庭をもちたい〉
〈実家に帰って両親を支えたい〉

というものでした。しかし、その理想と現実には大きなギャップがありました。まず、Aさんは家庭をもつ意思のない人とお付き合いをしていました。

そして、後者の希望を実現するには、いまの仕事を辞めなければなりませんが、せっかく続けてきた仕事を辞めるのは惜しい。それに仕事を辞めてしまえば経済面での心配もあり、実現するのは難しい状況でした。

Aさんはほかにも切実な悩みを抱えていました。仕事面では、同僚がひとり辞めてしまった

ことに責任のようなものを感じ、プライベートでは恋人と半年も会っていませんでした。

カウンセラーが、いつから耳鳴りがするのか尋ねると、Aさんは3カ月前からと答えました。それは、恋人と会えなくなっていよいよ我慢ができなくなった時期と重なっていました。たしかに、彼のことを考えれば考えるほど、耳の奥がキーンとしてくるのだそうです。

《「仕事」「両親」「恋人」のそれぞれについて、重要度のランク付けをしてみませんか?》

カウンセラーはAさんにそう提案しました。すると、最初はすべて同列だったのが、やがていちばん重要なのは「恋人」であり、その下に「仕事」と「両親」が並んでいると考えるようになりました。つまり、「恋人」に関する悩みが、他のことにも波及していることがわかったのです。

カウンセラーが、Aさんと恋人との関係にフォーカスしてみると、Aさんが恋人に対していつも甘えていることがわかってきます。それは職場ではいつも張りつめていて、いいところを見せようとしていることの反動から、彼と会ったときには「わがまま」「甘えんぼう」「時間にルーズ」という面が出てしまっていたのです。それは、Aさんの本当の姿でもあったのですが、その表現の仕方と程度に問題があったのです（恋人が距離を置くようになったのもそれが原因だったようです）。

こうしたことをカウンセリングしていくうち、Aさんは、「彼に依存してしまっている自分」が問題であることを把握することができました。

そうした状況を解決するには、Aさんは本当の自分を出すとともに、その出し方を工夫することが必要でした。職場で、ときには「できないことはできない」と周りに伝えることができたとき、Aさんの耳鳴りは止まりました。その後、Aさんは恋人と別れ、実家に帰ることに決めたそうです。

ここに紹介したのは、些細なことがきっかけとなって心と身体を病んでしまった人たちです。他人から見れば些細なことでも、本人にとっては大問題……といったケースは、みなさんにも起こりうることなのです。「こんなことで相談してもいいのかな」という心配は無用です。できるだけ早く表に出してしまうのが、心や身体の不調からすばやく抜け出せる秘訣です。

第5章のまとめ

・オンラインカウンセラーは、医療の専門用語をやさしい言葉に置き換える通訳者でもある。
・オンラインカウンセラーには、コミュニケーション能力やしっかりとしたアイデンティティ、経験、情報収集能力、文章力など幅広い要素が求められる。

●エピローグ

オンライン・メンタルヘルスケアのこれから

よい環境が、すぐれたカウンセラーをつくる

面談や電話にくらべ、Ｗｅｂカウンセリングは、費用が安くてすみます。これは、相談者にとってはありがたいことですが、カウンセラーの心境は複雑です。悩んでいる人を手助けできるのはうれしい反面、報酬はあまり期待できないのですから。

『ココロノマド』の登録カウンセラーも、ほとんどの人が他の仕事をしながらカウンセリングをしています。オンラインのメンタルヘルスケアだけでは生計が成り立たないのが現実です。

だからこそ、私は、複数のことをこなしているカウンセラーの状況を考え、カウンセリングに集中してもらえる環境をつくりたいと考えています。カウンセラーの働く環境を整えなければ

ば、よいカウンセリングは絶対にできないからです。

「ES（エンプロイー・サティスファクション＝社員の満足）が、CS（カスタマー・サティスファクション＝顧客の満足）を高める」という言葉があります。社員が満足して働けない会社では、良い商品ができず、お客様の満足も高まらないという意味ですが、それと同じように、私はカウンセリングではカウンセラーの働く環境をいちばん重視しています。

そのためには、使いやすいシステムを開発し、サポート態勢を充実させなければなりません。それができて初めて、お客様（相談者）に「利用して本当によかった」といってもらえるサービスを提供できると思うのです。

かつて、女の子が就きたい理想の職業の1位はスチュワーデスでした。それがいまでは心理カウンセラーがトップです。大学の学科を見ても、心理学科は人気ランキングで常に上位。現に女性のカウンセラーは増えていますし、これからもどんどん出てくることでしょう。

でも、カウンセラー自身、カウンセリングをしたうえで、営業活動もお金の徴収もする。さらに自分の健康管理もするとなるとそれはとても大変なことです。

それがいかに大変かは、カウンセラーになってから過労で3回入院した経験のある私がよく知っています。そうした煩雑《はんざつ》な事務作業に追われていては、カウンセリングに集中するのは難しいのです。

いま、私が『ココロノマド』ではＷｅｂカウンセリングを担当せず、カウンセラーのサポーターに徹しているのはそのためです。

私は、これから出てくるカウンセラーたちを、プロバイダーとして守り続けたいと思います。それは、相談者の真のニーズを客観的に感じとることにもなります。

現在、『ココロノマド』では、カウンセラーの数を増やすことにはあまり力を入れていませんが、今後ニーズがあればどんどん増やしていくつもりです。

ただし、私は資格ビジネスというものが好きではありません。

カウンセラーとしての訓練を受けて、カウンセラーになった人は全国に何万人といるのに、実際に働いている人は驚くほど少数です。働く場がないのに、資格だけつくってもダメです。職の創出と人材の養成は一緒に進めていく必要があるし、それが日本にカウンセリングを広めることになると確信しています。

企業秘密はなし。どんどん真似してほしい

日本では、『ココロノマド』で行っているようなＷｅｂカウンセリングはまだ始まったばかりです。この方法をたくさんの人に知ってもらうには、業界全体がレベルアップしていく必要があります。私たちだけで限られた情報を独占しても仕方がないのです。

そのために、私たちのノウハウを、同じようなビジネスをしたいと考えている企業に還元したいと思っています。

実際に、『ココロノマド』のようなサイトを開きたいという人には、ザック氏の教育システムを提供しています。ほかにも、Ｗｅｂカウンセリングの勉強をしたいという人や、サイトの運営システムを知りたい人にはすべて教えています。

いうまでもなく、インターネットで日本はアメリカに大きく遅れをとっています。日本では、サイバー犯罪に対処する法律もやっとでき始めたところですし、オンライン・メンタルヘルスケアにもスタンダードというものがありません。それを早くつくる必要があります。そのため

には、『ココロノマド』と同じようなサイトがどんどんできて、コンペティター（競合者）になってくれればと思っています。

サイトがたくさんできれば、競い合うことで質が向上していって、オンライン・メンタルヘルスケアの本質も見えてくるはずです。

カウンセラーについても、すぐれた人材がたくさん輩出され、日本のオンライン・メンタルヘルスケア業界全体が伸びていくのが理想です。ですから、私たちには企業秘密などないし、良いところはどんどん真似してほしい。そして、足りないものがあれば一緒につくっていきたい。そう考えています。

私は幸運にもアメリカでカウンセリングを学ぶ機会に恵まれました。これからも、国内外のすぐれた技法や理論はどんどん吸収していくつもりです。とくにアメリカのＷｅｂカウンセリングは体系化されており、日本にとっては学ぶべき点がまだまだあります。

また、私たちのトランザクションのシステムを、カウンセリングにだけ使うのはもったいないとも思っています。このシステムは、法律や介護、医療、教育など、さまざまな分野で悩みを抱える人をサポートすることにも応用できるはずです。

Ｗｅｂカウンセリングの明るい未来

私は、Ｗｅｂカウンセリングの未来に明るい希望をもっています。

数年前、アメリカ議会では、映像と音声を使った遠距離でのカウンセリングについて、国の医療保険を適用することが認められました。各カウンセリング団体の中でも、オンライン・メンタルヘルスケアのもつ魅力、能力というものが徐々に認められ始めています。アメリカと同じように、日本でもＷｅｂカウンセリングの必要が認められ、いつの日にか他の治療と同じように保険診療が実現する日が来ることでしょう。

ＩＴの技術開発はさらに加速するでしょう。インターネット環境はより高速大容量化が進み、音声や映像を利用することができるようになりつつあります。携帯電話などの無線技術も利用されるでしょう。

さらには、バーチャルリアリティの技術によって、遠く離れた相談者とカウンセラーが、まるで同じ部屋にいてカウンセリングをしているかのようなバーチャルルームを実現できるかもしれません。そうなれば、Ｗｅｂカウンセリングが対面式のもっともポピュラーな手法になるでしょうし、これまでの方法では考えられなかったほど多くの人とふれあうことができるようになるはずです。

日本がそんな日を迎えるためには、やはりメンタルヘルスケアそのものをもっと広める必要があります。そして、そのためには「ふたつのバリア」を取り除かなくてはなりません。

ひとつは、メンタルヘルスケアに対する「社会的なバリア」。これをカウンセラー側がなくすよう努力することです。

心を扱うカウンセリングという領域は、言葉で説明するのが難しく、相手に伝えにくいものです。その必要性をわかってもらうには、カウンセラーがうまくプレゼンテーションをしなければなりません。カウンセリングをする一方で、メンタルヘルスケアの啓発教育のための活動が必要になるでしょう。

さらに、告知、課金、契約、フォローアップ、医療機関との連携といったカウンセリングに関する流れをきちんとシステム化することも、相談者がサービスを受けやすくするためには重要なことです。

企業内メンタルヘルスケアに関しても、その必要性を訴え、社内制度をつくることが求められます。

そして、もうひとつのバリアを克服する必要があります。

つまり、カウンセリングなどを受ける相談者（クライアント）の側が、メンタルヘルスケアに対する「自分の気持ちのバリア」を溶かすよう試みることが必要なのです。

メンタルヘルスケアを受けたり、精神科に通ったりするのは世間体が悪い。自分の心を他人に見せるのは恥ずかしい。そんなことは弱い人間のすることだし、人に迷惑をかけることになる。そうした考えが初期のケアを遅らせてしまいます。

また、身体にストレスがたまると症状が悪化することを知らないのはとても危険です。さらに、「カウンセリングは一回利用したら、依存性が高くなってしまう」「カウンセリングはダメ人間をつくるだけだ」という誤った認識も、同じように症状を深刻にしてしまいます。

そうしたバリアを取り除く第一歩としては、まず、メンタルヘルスケアを受けた経験のある人や何らかの基礎知識をもった人に話を聞いてみるという方法があります。あるいは、カウンセリングサイトでカウンセラーが発信する情報を見るなどして、メンタルヘルスケアについて正しく理解できれば、カウンセリングが特別な治療ではなく、歯が痛くなって歯医者さんに駆け込むのと同じように、何も特別なものではないということを実感されるはずです。

このように、カウンセラー側と相談者側が、それぞれのバリアについて問題意識をもち、それをなくそうと努力をすることが「心のバリアフリー」につながるのです。

あとがきにかえて。

私の名刺には、こんな言葉が書いてあります。

「0歳から天寿までのメンタルヘルス・コンサルティング」

私が1歳のときに父が発病してから30年というあいだ、母、父、そして私自身もメンタルヘルスケアのお世話になってきました。その母は、いまでは祖母とその姉妹の介護を行い、高齢者介護によるストレスと、身体が思うようにならない高齢者自身の心のストレスを日常的に感じながら毎日を過ごしています。

そんな環境の中で、私自身、人間は生まれてから亡くなるまで、何らかの心のサポーターが必要であることを痛感しました。2002年からは、これまでの企業中心のメンタルヘルスケア活動のほかに、毎月定期的に介護施設に通い、高齢者や介護に疲れているヘルパーさんの心のケアをしています。また、ガン患者さんとその家族の終末期のケアをさせていただいています。

人間はいくつになっても何らかの悩みを抱えているものであり、どの年代の人にもやはりメンタルヘルスケアは必要なのです。

哲学者アリストテレスが「人間の心とは何か」と考え始めたときに、心を探る学問は生まれたといわれています。でも、その答えは2000年以上たったいまでも未解決のまま。依然として、人の心はわからない部分が多いのです。

人の心を何となくわかってから何かをしてあげるのではなくて、その人を理解しようとするその過程こそがカウンセリングだと私は思います。

解決策は必ず相談者の心の中にある。そして、相談者は必ずそれを見つけることができる！

私はそう信じています。解決策は私たちカウンセラーがもっているのではありません。カウンセラーはその人ではないからです。カウンセラーとのトランザクションの過程のなかで、相談者は何かを感じとり、自分で解決策を見つけることができるのです。

「勇気堂々」。私の母校の小学校を創った明治の実業家、渋澤栄一の言葉です。

日々ストレスと戦っている現代人には、ありのままの自分と向き合う勇気、そして疲れたときには自分自身に休みを与える勇気が絶対に必要なのではないか。そのためには、「カウンセリングを受けるのは、おかしくなった人」というレッテルを何とかしてはがしたい。その誤った思い込みから抜け出して、まずは一歩踏み出すためのきっかけをつくりたい。

そうした思いから、私はオンラインによるカウンセリングの普及に力を入れ、この本を執筆しました。あえて『ココロノマド』のシステムについて公表したのも、日本でＷｅｂカウンセリングの仕組みが確立され、インターネットを使ったオンライン・メンタルヘルスケアがスムーズに行われてほしいという願いからです。

この本と、その題材となった『ココロノマド』をつくるにあたっては、本当にたくさんの方のお力添えをいただきました。

まず、ジェイソン・ザック博士、塩谷亨博士、垣渕洋一博士という心の専門家の方々。そして私に総合的なケアの重要性を示唆してくださった佐藤俊彦先生ほか、医療関係者の先生方。

古くからメンタルヘルスケアに真剣に取り組み、日本でのザック博士の講演会開催にご協力をいただいた「あいおい損保」クオリティライフ事業部のみなさま。

そして私の理念にご賛同いただき、その実現のチャンスを与えてくださったＮＥＣインターチャネルの方々に、心よりお礼を申し上げます。

さらに、心の病気を十分に理解し、同じように苦しむ人のために自分の体験を生かしてほしいと自身の症状を公表することを許してくださった相談者のみなさんと、私の両親に感謝します。


最後に、悩みを抱えながらこの本を読んでくださったみなさまへ。

自分の心の状態について考えるのは素敵なことです。明日の自分に前向きになっている証拠です。いまは目の前に道は見えないかもしれないけれど、振り返るとあなたの後ろにはしっかりと道ができています。

もしも前に進むことに疲れたら、休憩してもよいこと、そしてときには後戻りだってできるのだと気づいてください。そして、あなたにはいままで一歩一歩一生懸命に進み、長い道のりを歩いてきた力があるということも。

でも、頭も気持ちも目一杯で、前にも後ろにも横にも進めなくなったら。そんなとき、止まったり、一歩踏み出したりする力をあなたの中から引き出すお手伝いをできるのがカウンセリングであることを覚えておいてください。

実際にメンタルヘルスケアを受けている人は、自分と上手に付き合っていける人たちです。自分自身で「いつもとちょっと違う。変だなあ」という違和感を察知して、必死に心のバランスをとろうとしている、自分をしっかり見つめ現実と向き合おうと努力している勇気のある人たちなのです。自分の心の状態がわからず体調を崩してしまう人よりも、はるかに前向きであり、一歩進んでいる人なのです。

だから、勇気を出してあなたのココロノマドを開いてください。私たちはたくさんの部屋をご用意してあなたのアクセスをお待ちしています（www.kokoronomado.com）。

2003年6月

川西 由美子

●著者略歴
1972年東京都港区南青山に生まれる。東京女学館短期大学卒業後、渡米。先進のメンタルヘルスケアを学び帰国。98年に株式会社マックスインターナショナル、02年には、あいマックス株式会社を設立し、現在両社の代表取締役をつとめる。Webカウンセリングサイト『ココロノマド』総合プロデューサー、およびメンタルヘルスケア・コンサルタントとして、「働く人のココロの健康管理」の実践を企業に提案し、臨床心理カウンセラーの派遣、社員教育などのサポートに全国各地を飛び回っている。
URL:http://www.maxinternational.co.jp
URL:http://www.t-imax.co.jp

ココロノマド　―心《こころ》の免疫力《めんえきりょく》をつけるWeb《ウエブ》カウンセリング

2003年6月30日　第1刷発行

著　者　川西由美子《かわにしゆみこ》

発行者　柴野次郎

発行所　朝日新聞社
〒104-8011　東京都中央区築地5-3-2
電話　03-3545-0131（代表）
編集・書籍編集部　販売・出版販売部
振替　00190-0-155414

印刷所　図書印刷株式会社

ISBN-4-02-257834-3
＊定価はカバーに表示してあります